Tudo
acaba
em festa

Dados Internacionais de Catalogação na Publicação (CIP)
(Câmara Brasileira do Livro, SP, Brasil)

Giácomo, Cristina
Tudo acaba em festa : evento, líder de opinião, motivação e público / Cristina Giácomo. – São Paulo : Summus, 2007.

Bibliografia.
ISBN 85-323-0294-7

1. Comunicação 2. Eventos especiais 3. Relações públicas I. Título.

06-7538   CDD-302.2

Índice para catálogo sistemático:

1. Eventos especiais : Promoção : Comunicação : Sociologia 302.2

Compre em lugar de fotocopiar.
Cada real que você dá por um livro recompensa seus autores
e os convida a produzir mais sobre o tema;
incentiva seus editores a encomendar, traduzir e publicar
outras obras sobre o assunto;
e paga aos livreiros por estocar e levar até você livros
para a sua informação e o seu entretenimento.
Cada real que você dá pela fotocópia não autorizada de um livro
financia um crime
e ajuda a matar a produção intelectual em todo o mundo.

Tudo acaba em festa

EVENTO,
LÍDER DE OPINIÃO,
MOTIVAÇÃO E PÚBLICO

Cristina Giácomo

summus editorial

TUDO ACABA EM FESTA
Evento, líder de opinião, motivação e público
Copyright © 2007 by Cristina Giácomo
Direitos desta edição reservados por Summus Editorial

Editora executiva: **Soraia Bini Cury**
Assistente editorial: **Bibiana Leme**
Capa: **Sylvia Mielnik e Nelson Mielnik**
Diagramação: **Acqua Estúdio Gráfico**
Fotolitos: **Pressplate**

Summus Editorial
Departamento editorial:
Rua Itapicuru, 613 – 7º andar
05006-000 – São Paulo – SP
Fone: (11) 3872-3322
Fax: (11) 3872-7476
http://www.summus.com.br
e-mail: summus@summus.com.br

Atendimento ao consumidor:
Summus Editorial
Fone: (11) 3865-9890

Vendas por atacado:
Fone: (11) 3873-8638
Fax: (11) 3873-7085
e-mail: vendas@summus.com.br

Impresso no Brasil

Àquela que me iniciou na arte de encarar os
desafios, Sônia Magalhães de Giácomo,
samurai da vida, minha mãe.

Sumário

Apresentação 9

Introdução 11

1. As organizações e a comunicação 17

2. O evento 33

3. As variáveis psicossociais do evento 53

4. Um estudo de caso 65

5. Histórias em que a vida imita a arte 69

Conclusões 95

Notas 101

Referências bibliográficas 105

Apresentação

A bibliografia em comunicação já não é tão escassa. Hoje, podemos dizer que há estudos qualificados sobre diversas matérias no campo da comunicação. Há, é claro, temas menos contemplados e, dentre estes, ressalta-se a área do evento – que mereceu a atenção de Cristina Giácomo, esforçada pesquisadora, que coloca à disposição do vasto contigente de profissionais de comunicação o resultado de sua dissertação de mestrado, na USP.

O presente livro é uma substantiva contribuição aos estudos da comunicação, particularmente no campo das relações públicas. Trata-se de um trabalho que, de maneira apropriada, procura unir diversos elos e processos para explicar a temática do evento, que recebe um conceito claro e bastante original: "acontecimento previamente planejado, a ocorrer num mesmo tempo e lugar, como forma de minimizar os esforços de comunicação, objetivando o engajamento de pessoas a uma idéia ou ação".

O trabalho de Cristina reflete um amadurecimento de sua capacidade de análise e reflexão. Passando pelo curso de pós-graduação, enfrentando, como professora da Faculdade Cásper Líbero, as dificuldades de bibliografia específica na área do evento, a pesquisadora, com obstinação, ultrapassou todas as barreiras impostas pelo pioneirismo e produziu um conjunto de valiosos conceitos, aqui apresentados com cuidado e objetividade.

A professora Cristina Giácomo foi buscar sua fundamentação em áreas multidisciplinares. Do campo da administração, trouxe as bases para a explicação dos poderes organizacionais. Da teoria da comunicação, extraiu os subsídios para fundamentar sua visão de *público de interesse* e audiência. Da teoria de opinião pública, pinçou os elementos para cenarizar o papel do líder de opinião. E da teoria de sistemas, buscou a linguagem dos fatores estruturais e conjunturais, que pesam sobre a identidade do evento. Cristina não poderia, evidentemente, passar ao largo do exame da propriedade do evento. E faz uma interessante abordagem sobre a natureza do evento dentro das relações públicas. E, assim, a pesquisadora foi costurando uma rede de relações, até chegar a uma visão abrangente sobre o evento e suas especificidades, qualidades, valores e elementos de formação.

Pela leitura deste livro, podemos aprender, por exemplo, que não adianta inchar uma reunião ou um congresso, sem se atentar para a qualidade da satisfação de seus participantes. Freqüentemente, ocorre um descompasso entre o aparato de mobilização e os resultados obtidos, porque a quantidade de participantes não coincide com a qualidade de sua satisfação. E que o líder de opinião é a principal referência para tornar bem-sucedidos determinados tipos de eventos.

O livro de Cristina Giácomo, que se enriquece com o estudo de caso sobre três congressos da Intercom, constitui, certamente, o mais completo e contributivo estudo feito no país para a compreensão da fenomenologia do evento.

Gaudêncio Torquato

Introdução

A primeira versão deste trabalho surgiu como tese de mestrado apresentada ao Curso de Pós-Graduação em Comunicação (Jornalismo) da ECA/USP. Agora, está sendo adaptado às necessidades daqueles que, de algum modo, servem-se dos benefícios dos eventos.

A obra não tem a pretensão de ser um manual que forneça receitas de como fazer um tipo específico de evento, muito menos de se ater a detalhes que não considero relevantes.

Pretendo, sim, contribuir para a compreensão do *evento* como fenômeno da comunicação, seus componentes determinantes e implicações que colaboram para seu sucesso ou fracasso.

A organização e a execução de eventos têm caráter, na maioria das vezes, empírico, improvisado e assistemático, o que gera confusão até mesmo no conceito de evento.

Existe uma variedade heterogênea e contraditória entre as definições de evento. Em razão disso, quero abrir uma discussão a respeito dessas definições, sugerindo limites mais delineados em torno de um novo conceito.

Essa preocupação se justifica diante da necessidade de reconhecer o fenômeno evento em áreas nas quais sua prática é usual, sem, no entanto, haver compreensão de seu significado. Em outras palavras: quem mais pratica o evento desconhece seu conceitual teórico; quem conhece esse conceitual restringe essa atividade ao campo das relações públicas, dotando-o de visão menor que o coloca como prática específica para a divulgação, promoção e lançamentos no campo da comunicação institucional.

Ao longo do livro, o evento será tratado como fenômeno de dimensões políticas no campo da comunicação social praticado por uma variedade muito grande de instituições.

Por outro lado, a literatura existente sobre o tema é bastante reduzida, o que impossibilita aos profissionais da área o recurso a estudos específicos que forneçam subsídios para o trabalho uniforme perante as necessidades de sua atuação.

Em segundo lugar, percebi as conseqüências da falta de clareza em torno do conceito de evento, prevalecendo – até onde se percebe – uma desorientação generalizada que, à medida que atinge futuros profissionais de relações públicas, tende a reproduzir, na prática, os problemas apontados.

Pela escassez de bibliografia específica sobre eventos, verifiquei a necessidade de contato com outras áreas do conhecimento, conexas ao campo das ciências da comunicação: administração, psicologia, sociologia, política. Desses estudos, emergiram elementos de suporte para que o evento adquirisse, na minha formulação, o *status* que deve ter e com o qual é encarado em países do primeiro mundo.

Dessas áreas-suporte, diversos conceitos forneceram subsídios para a melhor compreensão dos componentes do evento, dentre os quais se destaca o referente ao estudo da motivação. É aqui que surge a reflexão sobre a validade extrínseca ou intrínseca da motivação nos indivíduos e sobre a respectiva relação entre a decisão de participar num evento e o seu *marketing*. Surge então a idéia de que o público a que se destinam os eventos deve ser tratado diferentemente daquele que consome bens e serviços induzidos pelo *marketing* usual.

O evento, ao lado da propaganda, da publicidade, do *marketing* institucional, é um dos elementos componentes do *mix* de comunicação, mas possui características que o diferem dos demais, pois depende de maior participação do receptor. Para ser eficiente, depende ainda da interação do receptor ao qual ele se destina com a própria dinâmica da reunião.

Entre todos os elementos considerados importantes na composição de um evento, o *público de interesse* é o de maior relevância. Todos os outros podem ser relativizados, menos o público. Sem ele não há evento; sem o público de interesse o evento torna-se atividade desprovida de significado, por mais sofisticada que seja sua estrutura organizacional. Nessa medida, portanto, a forma de comunicação com o público adquire relevância fundamental, uma vez que é ela que determina o participante diferencial do qual depende o êxito do evento.

O primeiro capítulo dedica-se ao retrospecto histórico da evolução dos estudos sobre o processo de especialização do trabalho por meio das teorias das escolas científica e clássica de administração. Resgatam-se elementos fundamentais da experiência de Hawthorne para a compreensão do poder da comunicação informal, da importância dos grupos sociais na vida das organizações, da pesquisa de opinião, da liderança e da motivação. Tais elementos são apresentados como fatores essenciais para o entendimento da dimensão que o evento deve ter no conjunto do *mix* de comunicação.

Ainda no primeiro capítulo utiliza-se a teoria de Amitai Etzioni da análise comparativa das organizações complexas para a compreensão dos poderes que nelas atuam. No aprofundamento dessa teoria, recorre-se à obra de Francisco Gaudêncio Torquato do Rego, que, além dos poderes indicados por Etzioni, acrescenta o poder sinérgico da comunicação, que legitima e consolida os poderes coercitivo, normativo e remunerativo das organizações. Destacam-se ainda conceitos teóricos das ciências da comunicação do ponto de vista da audiência, elegendo-se a teoria do fluxo em duas etapas como a mais importante para que se obtenha o êxito das mensagens com o público.

No segundo capítulo, discute-se a validade do fato de o evento ser monopólio dos profissionais de relações públicas. Os conceitos a respeito desse assunto, em que pesa a escassez de obras existentes, são analisados com o objetivo de mostrar a sua fraca densidade teórica, confundidos com elementos correlatos de cerimonial e etiqueta. Após um novo conceito classificam-se os eventos por conteúdo programático e por objetivos, constatando-se a sua complexidade, especialmente no que diz respeito à sua dimensão como instrumento de *marketing* institucional e/ou social.

O terceiro capítulo dedica-se à reflexão sobre a existência de fatores ponderáveis e imponderáveis, comuns e específicos, dos eventos, com destaque para o seu encadeamento nas fases de concepção, planejamento e execução.

Na análise dos componentes do evento, salienta-se o estudo do público como fator estrutural comum mais importante. Discute-se a validade da utilização do conceito de *público-alvo* para os eventos, procurando enfatizar o distanciamento existente entre evento e demais serviços de consumo. Nesse sentido, enfatiza-se a necessidade de uma nova idéia de público para eventos, o eixo em torno do qual pretende-se demonstrar a importância da complementaridade entre temática e interesse dos participantes, emergindo então o conceito de público de interesse. Discute-se, em seguida, a importância da *venda* do evento para a sua sustentação material e o êxito de seus propósitos e, ainda, o papel do líder de opinião.

O quarto capítulo compreende breve relatório e a análise do estudo de caso realizado com os congressos da Sociedade Brasileira de Estudos Interdisciplinares de Comunicação – Intercom, ocorridos nos anos de 1989, 1990 e 1991. Nos três congressos, por meio de pesquisa realizada com seus participantes, procurou-se identificar as características do público quanto a procedência, atividade, participações anteriores, expectativas, nível de satisfação e, principalmente, a forma pela qual a decisão de participar dos congressos influiu incisivamente.

Na conclusão são apresentados os principais resultados dos estudos. As hipóteses do trabalho – a de que *o êxito do evento só ocorre com o público de interesse corretamente detectado*; e a de que *a motivação desse público é mais bem identificada por líderes de opinião* quando da venda do evento – foram empiricamente comprovadas pelas pesquisas do estudo de caso.

Finalmente, apresento breves relatos de experiências pessoais no campo dos eventos associando-as ao referencial teórico que delas emergiram. São dez episódios, dedicados principalmente àqueles que pretendem ingressar no mundo dos eventos.

1. As organizações e a comunicação

ESTUDOS SOBRE A ESPECIALIZAÇÃO DO TRABALHO

O século XX teve como característica a busca da velocidade e da eficácia em todos os sentidos e segmentos da sociedade. Em todas as áreas verifica-se como a humanidade se preocupou em desenvolver sua capacidade de fazer tudo melhor e mais rápido. Isso ocorre também no avanço dos estudos técnicos e científicos em todos os campos do conhecimento e das necessidades do homem: transporte, indústria, comércio, saúde, educação etc. A revolução e o uso da informática na vida das organizações é a prova disso. O computador surgiu, no final do século, como instrumento da maximização da eficiência do homem, que já o incorporou a quase todas as suas atividades.

Esse processo vivido pela humanidade nos dias de hoje é o resultado da evolução das formas de organização e produção econômicas dos últimos séculos. Com efeito, a partir da Revolução Comercial dos séculos XIV/XV, assiste-se a uma extraordinária pressão sobre o sistema produtivo artesanal, caracterizado pela unicidade entre o trabalho e o seu resultado final. A ampliação do mercado, ultrapassando os limites europeus e se estendendo à América e à Ásia, provocou o primeiro grande passo em direção à Revolução Industrial dos séculos XVIII/XIX[1]. Não constitui objetivo deste livro pormenorizar historicamente os processos produtivos vividos pela sociedade capitalista. No entanto, é importante afirmar que cada etapa dessa evolução foi marcada pelo aprofundamento da especialização do trabalho e pelo distanciamento entre o produtor e o resultado final de suas atividades, o que produziu sensíveis conseqüências no comportamento humano. Com o advento da especialização, o homem perde o contato com a visão global daquilo em que trabalha, perde a noção de continuidade, restando-lhe a percepção fragmentada do trabalho, tão bem ilustrada nas esteiras de produção em série do filme *Tempos modernos*, de Charles Chaplin.

Para Burkard Sievers, a produção em série, responsável pela especialização no trabalho, transformou a própria noção que o homem tem de sua vida, fazendo que o trabalhador moderno se tornasse um tipo de esquizóide que cinge a realidade, e que vive hoje separadamente cada parte de sua vida em compartimentos estanques. Daí a concepção atual de um mundo fragmentado e a falta de engajamento do homem consigo e com a realidade que o cerca[2].

A especialização está na raiz da busca da velocidade e da eficácia no mundo da produção econômica, de tal sorte que ela serve como elemento central para as Escolas Científica e Clássica de Administração (Taylor e Fayol), do início do século XX, que transformam o trabalho nas indústrias em objeto de mensuração minuciosa quanto à racionalização de tempo levada ao extremo.

Nos Estados Unidos, Frederic Winslow Taylor, fundador da ciência da administração, foi pioneiro na experiência concreta e imediata do trabalho de operários com destaque para suas tarefas.

Em seguida, surge na Europa a teoria clássica da administração concebida pelo engenheiro francês Henri Fayol. A diferença básica entre esta e a teoria científica consiste unicamente no ponto de partida: enquanto a desenvolvida nos EUA se caracterizava pela ênfase na tarefa realizada pelo operário, a teoria de Fayol partia do estudo da estrutura que a organização deveria possuir para ser eficiente. Na verdade, as duas teorias tinham o mesmo objetivo, eficiência das indústrias a favor da concorrência provocada pelo crescimento desenfreado da produção industrial e da febre da sociedade de consumo daquele período.

Nos Estados Unidos, "técnicas aperfeiçoadas de pesquisa de mercado e de publicidade apoiaram a contínua venda de bens que eram despejados pelas fábricas americanas em quantidades caudalosas. Mais de quatro quintos do Produto Nacional Bruto (produção total de bens e serviços), entre 1919 e 1929, foram devidos ao recrudescimento das vendas de bens e serviços ao consumidor. Os custos de produção foram reduzidos pela instalação de maquinaria automática e grandes aperfeiçoamentos nas técnicas e no equipamento para manipulação e controle de materiais. [...] O salário/hora na indústria aumentou 8% entre 1923 e 1929, mas a semana média de trabalho foi ligeiramente reduzida e a mão-de-obra na indústria cresceu apenas 0,5%. [...] Sexo, beleza, a fachada de riqueza, e até de juventude, vinham com os novos e maravilhosos produtos mostrados em revistas, jornais, cartazes e comerciais nos cinemas"[3].

As duas primeiras décadas do século XX representaram, para o operário industrial, um período de intensa produtividade mas também uma época de esgotamento de suas capacidades físicas e emocionais. "As máquinas começaram a zumbir 24 horas por dia", diz um autor norte-americano, acrescentando: "Significa que o impulso de melhorar os métodos de produção e de aumentar a produtividade do trabalho fará que cada vez mais produtos sejam fabricados com um trabalho cada vez menor. As máquinas e o sistema de eficiência jogam na rua os operários, enquanto a produção aumenta assustadoramente. A elevação média da produção por homem/hora, em 59 indústrias, de 1919 a 1929, foi de 40% a 50%".

A conjuntura vivida pelo trabalhador, que sofreu a influência das experiências de Taylor nas indústrias norteamericanas no princípio do século, pode ser sintetizada pela seguinte análise: "Em face do trabalho por peças, da chantagem dos prêmios, da aceleração das cadências, o operário está desesperadamente só. É ele que tem de encontrar a ajuda, o truque que lhe permitirá ganhar algumas dezenas de segundos no ciclo operatório. A ansiedade, o tédio perante a tarefa, ele deverá assumi-los individualmente, mesmo se estiver no meio de uma colmeia, porque as comunicações estão excluídas, às vezes até proibidas. No trabalho taylorizado não há mais tarefas comuns, nem obra coletiva.[...] É preciso adestrar, treinar, condicionar esta força potencial que não tem mais forma humana.[...] O trabalho taylorizado engendra, definitivamente, mais divisões entre os indivíduos do que pontos de união. Mesmo se eles partilham coletivamente da vivência do local de trabalho, do barulho, da cadência e da disciplina, o fato é que, pela própria estrutura desta organização do trabalho, os operários são confrontados um por um, individualmente e na solidão, às violências da produtividade"[4].

Nunca a humanidade sofreu tanto, nem com as guerras mundiais, como com as conseqüências da Revolução Industrial, principalmente do ponto de vista social e psicológico, com reflexos que ainda não foram de todo extintos no mundo civilizado.

A EXPERIÊNCIA DE HAWTHORNE E SUAS CONSEQÜÊNCIAS

Esses princípios prevaleceram até o aparecimento da Escola Humanista de Administração, com a experiência realizada por Elton Mayo em Hawthorne (bairro de Chicago), entre 1927 e 1932, quando seus estudos demonstraram que a produtividade e a eficiência do trabalhador sofrem influência preponderante na valorização do seu diferencial humano. Essa escola surgiu como conseqüência de vários elementos que marcavam a conjuntura da época: a premência de humanizar e democratizar a administração, eliminando os prejuízos causados aos operários norte-americanos pelas escolas anteriores e seus conceitos rígidos e mecanicistas que se chocavam com os novos padrões de vida da América; o grande desenvolvimento das ciências humanas nesse período, notadamente a psicologia e a sociologia, que influenciam sensivelmente a vida intelectual e assistem às primeiras tentativas de sua aplicação à organização industrial (a transformação do gerenciamento das empresas em prática humanizada até os dias de hoje demonstra sua preponderância em relação às teorias anteriores). Dessa forma, a experiência de Hawthorne sob a coordenação de Elton Mayo pôs em cheque os conceitos da teoria clássica da administração.

A pesquisa de Mayo levou cinco anos para ser concluída. Em sua primeira fase, o estudo pretendia avaliar a alteração na produtividade dos trabalhadores pela variação na intensidade de luz ambiente. A conclusão mais significativa dessa experiência, aparentemente simples, é a de que o componente psicológico atua como um dos elementos que interferem na produtividade e prepondera sobre os fatores fisiológicos em determinadas circunstâncias.

A segunda fase do estudo decorre das dificuldades encontradas para isolar as variáveis psicológicas das variáveis fisiológicas. As conclusões dessa etapa indicaram que a supervisão branda é mais *livre* e *divertida*, segundo opinaram os próprios trabalhadores. Pôde-se perceber que a satisfação dos operários era maior com menos pressão e num ambiente mais amistoso, e que o grupo social nele formado extrapolava o local de trabalho, verificando-se as condições para o surgimento do líder informal na empresa. Esse momento da pesquisa de Mayo é o mais importante, porque abre caminho para o entendimento de que a comunicação informal tem maior agilidade e eficácia do que a comunicação formal. O líder informal surge, assim, como agente catalisador no processo de comunicação em todos os níveis, problema que seria posteriormente objeto de intensos estudos da comunicação social.

Nas outras duas fases da pesquisa (programa de entrevistas e estudo do comportamento da organização informal), Mayo avançou no sentido de compreender as atitudes e sentimentos dos trabalhadores e analisar o desempenho gerado pela organização informal. As conclusões foram claras: reconhece-se o poder dos grupos informais; os grupos estudados apresentam certa uniformidade de sentimentos e solidariedade, possuindo métodos de controle próprios para suas atitudes.

A experiência de Hawthorne acabou por se constituir no marco que estende suas conseqüências sobre os conceitos que vigoram até hoje nas teorias da administração, da sociologia, da psicologia do trabalho e da antropologia, além dos resultados que permitiram que ela se tornasse uma das precursoras dos temas que envolvem a teoria da comunicação (auditoria de opinião, grupos informais, liderança, motivação etc.).

Mayo estabeleceu novas bases para os métodos de estudo e para os meios de obter, de cada trabalhador, melhor assimilação de suas tarefas industriais, aumentando-lhes a sensação de bem-estar no trabalho. Todos esses depoimentos envolveram reconhecimento do valor de grupos sociais e de equipes de trabalho, a par do trabalhador considerado individualmente.

A experiência de Mayo tem tanta importância que pode ser considerada responsável por mudanças fundamentais não só nas relações de trabalho, como também nas concepções que as próprias ciências humanas tinham dessas relações. Até ela, "o homem nada mais era do que uma máquina que operava outra máquina. À medida que as organizações industriais se desenvolviam, mais se perdia a possibilidade de contato pessoal direto entre o trabalhador e seu empregador. A ênfase, naquele momento, era colocada sobre a produção, com o conseqüente desinteresse pela sorte do trabalhador. Este, então, era obrigado a trabalhar longas horas, em condições desfavoráveis e sob padrões de supervisão tão rígidos e rigorosos que quase não podia manter contato informal com seus colegas"[5].

A Escola Humanista da Administração tem sua importância não só intrínseca, de agente transformador da maneira de encarar o trabalhador, mas também por outros aspectos de interesse direto para este estudo. Em primeiro lugar, a ênfase dada à comunicação na experiência de Hawthorne. Em segundo, a relevância dada ao estudo da dinâmica grupal e interpessoal necessária para a dinâmica da maioria dos eventos. Em terceiro, a contribuição da teoria humanista para os estudos da motivação no ser humano. Vale destacar a importância que as formas de comunicação adquirem no mundo das organizações com base nessa experiência.

OS PODERES NAS ORGANIZAÇÕES

Na importância intrínseca, pode-se afirmar que a influência exercida por essa teoria sobre os estudos desenvolvidos nas organizações, ao longo das últimas décadas, permitiu que o caminho aberto por Mayo fosse ampliado por diversos teóricos no sentido de enxergar nas organizações uma complexidade estrutural característica do processo de desenvolvimento econômico do pós-guerra. Um dos teóricos com papel de destaque no conjunto desses estudos é Amitai Etzioni, sociólogo como Mayo. Etzioni propõe a formulação de modelos de análise comparativa das organizações e uma teoria organizacional "intermediária", situada entre as abstrações de alto nível e as observações detalhadas sobre casos singulares.

Em sua obra *Análise comparativa de organizações complexas*[6], Etzioni analisa as organizações de acordo com a definição de Parsons (como uma unidade social voltada para a consecução de fins específicos), e indica nelas os três poderes que acredita universais e que controlam essas organizações: "A premissa subjacente neste nosso estudo é que há três fontes principais de controle, cuja distribuição e manipulação têm grande importância para os fundamentos da ordem social. Essas fontes de controle (*poderes*) são a coerção, os bens econômicos e os valores normativos"[7] [grifo nosso]. Tais fontes de controle estão presentes em todas as formações sociais, das quais a organização empresarial seria uma representação do que ocorre no sistema social de forma mais ampla.

Os poderes indicados por Etzioni, e que atuam na base das organizações complexas, são, portanto, fontes de controle preexistentes na formação social em que se insere a organização estudada. Assim, o poder coercitivo, no âmbito da organização, é uma repetição em escala menor da ordem coercitiva encontrada na sociedade. O *peso* da figura que encarna os elementos do poder, aquilo que o senso comum indica como *autoridade*, não é mais que a reprodução simbólica da ordem do Estado. Da mesma forma, o poder remunerativo, numa sociedade em que a posse de bens materiais é levada ao extremo da distinção individual e social, adquire nas organizações – tanto quanto na ordem geral – um sentido disciplinador. O mesmo vale para o poder normativo, que fixa as regras éticas do trabalho, como demonstrou Max Weber em *A ética protestante e o espírito do capitalismo*[8].

Os conceitos aqui adotados sobre *poder* estão vinculados ao pensamento de Deutsch, para quem "poder é a capacidade de fazer com que aconteçam coisas que de outro modo não aconteceriam. Neste sentido, é parecido com causalidade, isto é, com produção de uma mudança na distribuição das probabilidades dos acontecimentos do mundo. E já que o mundo processa rápidas mudanças, o poder lida com a alteração delas – ou mudanças de segunda ordem. Assim, o poder envolve a nossa capacidade de alterar as mudanças que já estão em marcha e que assim prosseguiriam sem a nossa intervenção"[9]. E ainda ao pensamento de Parsons, para quem "o poder é a habilidade de um indivíduo de induzir ou influenciar outro a seguir suas diretrizes ou quaisquer outras normas por ele apoiadas"[10]. Para Etzioni "o poder difere segundo os meios empregados para fazer os subordinados concordarem. Esses meios podem ser físicos, materiais ou simbólicos".

"O poder coercitivo reside na aplicação ou ameaça de aplicação de sanções físicas, tais como imposições de castigo, deformidade ou morte; geração de frustração por meio de restrição de movimentos; ou controlando através da força a satisfação das necessidades como alimentação, sexo, conforto e outras."

"O poder remunerativo é baseado no controle sobre recursos materiais e recompensa, através da distribuição de salários, gratificações, comissões, contribuições, adicionais etc."

"O poder normativo reside na distribuição e manipulação de recompensas simbólicas e privações por meio de líderes, manipulações de meios, distribuição de símbolos de estima e prestígio, administração de rituais, e influência sobre a distribuição de 'concordância' e 'resposta positiva'"[11].

Para Etzioni, os três poderes podem ser encontrados numa mesma organização, e o que a caracteriza é justamente a predominância de um sobre o outro. Destaca ainda, como exemplos marcantes para cada um dos três poderes, as seguintes organizações: "as organizações coercitivas são entidades nas quais a coerção é o principal meio de controle sobre os participantes dos níveis inferiores, e a elevada alienação caracteriza a orientação da maioria deles em relação à instituição. Casos típicos são campos de concentração, campos de prisioneiros de guerra, a maioria das prisões, instituições correcionais tradicionais e hospitais de doenças mentais com internamento. Campos de trabalho forçado e centros de repatriamento são também organizações coercitivas"[12].

Organizações remunerativas ou "utilitárias são aquelas em que a recompensa é o principal meio de controle sobre os membros dos níveis inferiores, e a participação calculista caracteriza a orientação da grande maioria desses participantes [...] e são, predominantemente, de *oficina* [grifado no original], tais como muitas fábricas e minas; aquelas em que os membros são mais do grupo de escritório, sejam privadas (companhias de seguros e bancos) ou públicas (repartições governamentais); e, finalmente, aquelas em que os membros dos níveis inferiores são profissionais, tais como organizações de pesquisa, planejamento e escritórios de advocacia..." – estas com forte influência do poder normativo[13].

"As organizações normativas são aquelas nas quais o poder normativo é a principal fonte de controle sobre a maioria dos participantes dos níveis inferiores, cuja orientação para com a organização é caracterizada pelo alto engajamento. O consentimento nas organizações normativas apoia-se principalmente na internalização das diretrizes aceitas como legítimas. A liderança, rituais, manipulação de símbolos de prestígio e sociais e a ressocialização estão entre as técnicas mais importantes de controle que são empregadas [...]. Entre esses estão as organizações religiosas, inclusive igrejas, mosteiros e conventos; uma subcategoria de organizações políticas, aquelas que possuem um forte programa ideológico; hospitais gerais; universidades; associações de voluntários, as quais, como veremos, confiam principalmente nos poderes sociais e engajamentos"[14].

O desenvolvimento dos estudos sobre as organizações complexas, no entanto, permite indagar se estariam esgotados os poderes que agem sobre sua estrutura e funcionamento. Para Francisco Gaudêncio Torquato do Rego, em sua obra *Comunicação empresarial, comunicação institucional: conceitos, estratégias, sistemas, estrutura, planejamento e técnicas*, "se alguns poderes legitimam a empresa, a comunicação exerce igualmente um certo e grande poder. [...] A comunicação que, enquanto processo, transfere simbolicamente idéias entre interlocutores, é capaz de, pelo simples fato de existir, gerar influências. E mais: exerce, em sua plenitude, um poder que preferimos designar como *poder expressivo* [grifo do autor], legitimando outros poderes existentes na organização, como o poder remunerativo, o poder normativo e o poder coercitivo. É oportuno lembrar que as normas, o processo de recompensas e o sistema de coerção existentes nas organizações, para se legitimarem, passam antes por processos de codificação e decodificação, recebem tratamento ao nível do código lingüístico, assumindo, ao final, a forma de um discurso que pode gerar maior ou menor aceitação pelos empregados. [...] Como poder expressivo, (a comunicação) exerce uma *função-meio*, perante outras *funções-fim* da organização. Nesse sentido, chega a contribuir para a maior produtividade, corroborando e reforçando a economia organizacional"[15].

Para Gaudêncio Torquato, a finalidade última da comunicação é a de gerar consentimento em todos os âmbitos, destacando a necessidade do consentimento nas organizações, que é seu objeto de estudo, salientando a importância deste, levado às últimas conseqüências: a do *engajamento*. Para o autor, os poderes proclamados por Etzioni sofrem ação direta do poder expressivo. É o que chama de *poder sinérgico da comunicação* que atua sobre os poderes normativo, coercitivo e/ou remunerativo, e que aumentam suas potencialidades de acordo com as leis de sinergia. "Utilizar os elementos condicionantes e determinantes de sinergia é condição também necessária para maximizar o processo de comunicação. O uso sinérgico da comunicação, além de melhorar as condições dos atos comunicativos, clarifica os canais, estabelece eficientes sistemas de coordenação, gera respostas mais imediatas [...]. Mas, o que significa sinergia? Vamos buscar os ensinamentos de H. Igor Ansoff e tirar a conclusão de que por sinergia deve-se entender um desempenho combinado superior à soma das partes envolvidas no processo"[16].

Desta forma, além de aceitar os conceitos de Amitai Etzioni quanto a sua classificação de poderes e respectivas categorias de organizações, e ainda o poder superlativo atribuído por Gaudêncio Torquato à comunicação, pode-se inferir que quanto mais evoluída for a organização mais necessitará desse último poder. Isto é, uma organização remunerativa é, do ponto de vista do controle social, mais evoluída que uma da categoria coercitiva. Sendo assim, os símbolos utilizados para obter consentimento podem ser considerados menos primitivos. Sem dúvida salário e relógio de ponto não são tão aviltantes quanto chibatadas e camisa-de-força. A mesma analogia pode ser feita ao se comparar uma organização remunerativa a outra normativa: a primeira recorre a signos materiais de troca, e a segunda, mais simbólica ainda, a valores de foro ideológico. Ninguém desconhece a força da fé e da ideologia, necessitando, portanto, muito mais comunicação para o devido engajamento do que os demais tipos de organização (remunerativa e coercitiva). Em outras palavras, quanto mais evoluída e moderna a instituição, mais depende do poder sinérgico da comunicação entre seus membros.

CONCEITOS DA TEORIA DE COMUNICAÇÃO

No desenvolvimento deste trabalho foram utilizados também outros conceitos teóricos adotados por Gaudêncio Torquato, tais como, por exemplo, o de que a audiência/receptor pode ser ativo(a) sem explicitar ostensivamente tal característica no processo mental de seleção, rejeição, aceitação e interpretação do que é informado. Considerando-se a quantidade de informação que recebe cada indivíduo no mundo contemporâneo, a diversidade de conteúdo e de forma dessas mensagens, pode-se vislumbrar como ocorre o processo mental supramencionado.

Não se trata de pormenorizar as demais teorias que envolvem o estudo da audiência/receptor, apesar da sua influência no conjunto das concepções tratadas: a teoria de Festinger, da *exposição seletiva*, que estuda o fenômeno da dissonância cognitiva (a seleção de informações de acordo com opiniões e pontos de vista prévios); as teorias de Sears e Freedman, que negam parcialmente a teoria de Festinger (a dissonância cognitiva opera no nível de avaliação ou interpretação da informação, e não no momento de sua seleção para o consumo); a teoria de Percy Tannembaum, para quem a audiência/receptor busca *pistas* que lhe chamem a atenção para assuntos de seu interesse; a teoria de Breed, segundo a qual os meios de comunicação de massa ajudam a manter unidos os grupos sociais; os estudos de Lane e Sears sobre a influência dos grupos sociais nos indivíduos para melhor compreensão das mensagens.

A teoria mais importante e conseqüente para os objetivos deste trabalho é a do *fluxo em duas etapas* (*two-step flow*), desenvolvida por Paul Lazarsfeld, Beenard Berelson e Hazel Gaudet, em 1948. Seus conceitos baseiam-se na premissa de que a mensagem não chega diretamente ao indivíduo, mas passa pela influência de um *líder de opinião*, isto é, que uma mensagem, para ser absorvida pelo indivíduo comum, precisa da interferência do líder de opinião.

A grande contribuição dessa teoria deve-se à valorização dada ao papel do líder de opinião quanto à sua influência sobre os membros dos grupos sociais no consumo de uma mensagem. Refuta-se porém a preponderância dessa teoria sobre as demais. "A teoria do *fluxo em duas etapas* foi muito combatida por autores modernos. Contudo, a atual visão da audiência dos meios de comunicação de massa permite que se admita a existência múltipla de diversos modelos que anteriormente eram considerados como exclusivos uns aos outros. Assim, acredita-se que a audiência dos meios de comunicação de massa possa ser atingida tanto pelos líderes de opinião, como por meio das pressões dos grupos sociais, ou de seu próprio ponto de vista. Portanto, não se exclui uma teoria quando se aceita outra. O fluxo pode se dar em diversas etapas, uma, duas ou mais. Portanto, a identificação dos líderes de opinião numa empresa pode constituir importante tática para o êxito das mensagens de uma publicação empresarial junto à sua audiência, assim como o preparo de material visando atingir especialmente tais líderes de opinião"[17].

É complexo o desafio com o qual o comunicador se defronta para desempenhar bem sua tarefa de superar os obstáculos de natureza psicológica que protegem o indivíduo, entre eles a quantidade e a diversidade de informações de que é alvo, e por isso necessita do apoio de diversas dessas teorias, especialmente a da exposição seletiva, a de Sears e Freedman, a de Percy Tannenbaum, a de Breed, a de Lane e Sears e, com destaque, a do líder de opinião.

A influência do líder de opinião será retomada posteriormente com vista a demonstrar a sua presença como fator de decisão na composição do público que participa dos eventos. Estratégia para organização menos improvisada com maior controle das metas a serem atingidas.

2. O evento

O EVENTO NAS RELAÇÕES PÚBLICAS

A proposta básica deste segundo capítulo é refletir sobre o fenômeno *evento* como componente do *mix de comunicação*, que tem por objetivo minimizar esforços, fazendo uso da capacidade sinérgica da qual dispõe o poder expressivo no intuito de engajar pessoas numa idéia ou ação.

O evento tem sido tratado, em suas dimensões teórico-práticas, como fenômeno exclusivo da área de relações públicas. Esse fato está relacionado com a condição de estrategista da comunicação que o profissional dessa área deve possuir. Fica mais destacada ainda essa atribuição pelo fato de, no Brasil, haver uma nítida deturpação dos limites de atuação do profissional de relações públicas. Ele é constantemente confundido com profissionais de recepção e vendas. Até há pouquíssimo tempo, eram comuns anúncios classificados solicitando RP para funções de recepcionistas de consultórios, abertura de novos clientes em diversos segmentos de mercado, telemarketing e demais atividades que nada têm em comum com esta profissão. Foi necessário um esforço sistemático e persistente do Conselho Regional de Relações Públicas no sentido de orientar e até punir os responsáveis por tais classificados.

Até na própria área de comunicação tal distorção se faz presente, tanto no mercado de trabalho quanto no meio universitário. Não são raros os casos de professores que ministram disciplinas não específicas nos cursos de RP, graduados em outras habilitações, que desconhecem tais limites técnicos. Isso tudo, bem como a falta de promoção e divulgação institucional das ferramentas de relações públicas, contribui para que o mito perdure.

O RP é um profissional cujas características de trabalho relacionam-se principalmente a ações de bastidores. Assim, uma das poucas atividades que realmente se faz notar entre suas diversas atribuições acaba sendo precisamente o evento. Daí sua fama de *festeiro*. Na verdade, ele é um especialista em públicos e nas formas diversificadas de estabelecer comunicação com eles. Seu trabalho normalmente não aparece, a não ser nas raras assessorias e departamentos de comunicação que existem no país. Por isso, sua função fica, no senso comum, ligada exclusivamente aos eventos, de onde vem a alusão de que em RP "tudo acaba em festa...".

Os cursos de graduação em relações públicas tratam o evento em cadeira específica, o que não ocorre em outras habilitações dos cursos de comunicação social e muito menos em qualquer outra especialidade do ensino universitário, exceto em algumas escolas de turismo. Essa situação parece consolidada e não terá solução senão com o passar do tempo, quando todas as técnicas de relações públicas forem conhecidas e não mais confundidas com a arte de fazer amizades e festas.

Essas "observações" dirigem-se à forma como os eventos são estudados e, ao final, praticados profissionalmente. A experiência demonstra que o ensino do evento se restringe a visões fragmentadas e distorcidas, confundidas com cerimonial, etiqueta, protocolo, promoção, lançamentos, visando quase sempre a resultados de divulgação na mídia (assessoria de imprensa), sem que se dê importância para a análise estrutural e administrativa do papel que o evento deve ter nas organizações. Na verdade, o evento é um instrumento de comunicação e um dos elementos mais poderosos na estratégia comunicacional. O fato de que tenha sofrido as deformações apontadas acima exige, porém, que a reflexão em torno de suas características se aprofunde.

Exemplo sintomático dessa situação está na apresentação feita pelo professor Cândido Teobaldo de Souza Andrade, no livro *Cerimonial para relações públicas*, de Nelson Speers. Depois de tecer considerações a respeito do papel que a obra exerce como elemento de apoio para o profissional de relações públicas, afirmando tratar-se de livro que *completa* a bibliografia sobre sua atividade, Souza Andrade acrescenta: "Em 1962, quando lançamos a primeira obra de relações públicas na América do Sul, o livro *Para entender relações públicas*, classificamos o cerimonial como uma das formas de comunicação dirigida aproximativa, *como das mais válidas para o trabalho de RR.PP., principalmente na esfera da organização e execução de eventos"* [grifos nossos][18].

Não se trata de desmerecer a obra de Nelson Speers. Ao contrário: seu valor e utilidade são importantes, não só pela quantidade de informações que contém, como também pelo caráter inédito de seu trabalho em relatar cerca de quarenta anos de experiência no trato com cerimonial, principalmente como assessor do gabinete do Reitor da Universidade de São Paulo e responsável pelo cerimonial da instituição.

O livro dedica a maior parte do seu conteúdo ao trato das questões de protocolo, ordem de precedência e cerimonial, mesclando-as com procedimentos detalhados de etiqueta e bons costumes. Além disso, contém descrição resumida de alguns dos eventos mais praticados nas organizações públicas e no cotidiano das pessoas, esquecendo de mencionar os congressos técnicos e científicos, as feiras e/ou exposições e outros da mesma relevância. Esses conceitos sobre os eventos mais praticados devem ser destacados por serem encontrados em poucas obras nacionais, a não ser em apostilas de cursos técnicos de eventos e alguns programas dos cursos superiores de relações públicas, o que sem dúvida provoca grande dificuldade para aqueles que se dedicam ao assunto, além da discrepância nos conceitos encontrados nessas publicações.

Apesar de ser um raro trabalho útil aos profissionais de eventos, o que se põe em discussão na obra de Nelson Speers é que, em primeiro lugar, o livro não é somente necessário aos profissionais de relações públicas, com o que concorda o autor – "Não consideramos o cerimonial atividade típica de RR.PP., seja qual for o termo usado. É, entretanto, apoio indispensável para a mesma"[19] –, como também a qualquer pessoa que se envolva com atividades afeitas a cerimonial, e mesmo para aqueles que só se preocupam com assuntos de etiqueta.

Em segundo lugar, a obra está longe de esgotar o assunto evento, ao contrário do que afirma Cândido Teobaldo de Souza Andrade: "Finalmente! Finalmente, os estudiosos e profissionais de relações públicas vêem completada a bibliografia acerca de sua discutida atividade"[20].

A área de relações públicas se autodenomina especialista na prática de eventos, verificando-se aí algumas distorções tanto na conceituação adotada quanto no seu discutível monopólio. Essa pretensão pode estar apoiada no fato de que praticamente só são encontrados cursos de eventos em nível universitário nas faculdades de comunicação social, na habilitação em relações públicas. Como já ficou demonstrado, entende-se o evento como parte do sistema de comunicação, o que não significa que o acesso às suas teorias deva ser exclusivo dos cursos de comunicação social. O evento é um fenômeno interface com o qual estão interligadas outras áreas profissionais, principalmente a de administração de empresas, para a qual seu aprendizado e sua prática são de importância essencial.

Quanto a praticarem com exclusividade o trabalho com eventos, isto também não é verdadeiro. Nem todas as empresas especialistas em eventos têm em seus quadros de funcionários pessoas graduadas na habilitação em relações públicas. Mais ainda, as entidades que promovem congressos, especialmente congressos científicos, utilizam no seu planejamento, execução e controle pessoas das mais diversas formações profissionais, em especial secretárias executivas dessas associações científicas e de instituições diversas.

UMA NOVA CONCEITUAÇÃO DE EVENTO

O próprio Masahiro Miyamoto, autor de um dos únicos livros sobre eventos, justifica a elaboração de sua obra pela falta de orientação dessas secretárias para executar congressos nacionais e internacionais, o que as obriga ao exercício de trabalho empírico, desprovido de técnica mais adequada para esses eventos. Seu livro nasce, portanto, da necessidade de normatizar os congressos promovidos pelo Instituto do Coração do Hospital das Clínicas de São Paulo e orientar as secretárias que se revezam na árdua tarefa de *reinventar* eventos. É importante ressaltar que Miyamoto é graduado em administração de empresas, creditando a elaboração da obra ao companheirismo, confiança e colaboração de inúmeras pessoas, em especial professores de administração da Faculdade de Economia, Administração e Contabilidade da USP (FEA-USP). É sintomático, nesse sentido, que não exista obra nacional conhecida sobre eventos produzida por profissional ou professor de relações públicas.

Em razão da fragilidade dos conceitos existentes e da ausência de bibliografia específica sobre o assunto, recorreu-se a *apostilas* de cursos livres sobre eventos para identificar o pensamento corrente sobre o tema.

Nas diversas definições encontradas, as de maior destaque, por serem utilizadas em cursos técnicos de procura significativa, são as seguintes:

"Evento é um conjunto de ações profissionais com o objetivo de atingir resultados qualificados e quantificados junto ao *público-alvo*"[21]. Considera-se esta definição imprópria, pois ela não delimita e nem especifica a atividade do evento como reunião formal com função política de organizar pessoas.

"Evento é um conjunto de atividades profissionais desenvolvidas com o objetivo de alcançar o seu *público-alvo*, através do lançamento de produtos, da apresentação de uma pessoa, empresa ou entidade, visando estabelecer o seu conceito ou recuperar a sua imagem"[22]. Tal descrição também é inadequada, uma vez que, além de pecar pelos motivos criticados na definição anterior, ainda invade atividades de *marketing*, principalmente o *marketing institucional* ou mesmo parte restrita da atividade de relações públicas.

"Evento é a realização de um ato comemorativo com finalidade mercadológica ou não, visando apresentar, conquistar ou recuperar o seu *público-alvo*"[23]. Neste conceito, a falha mais nítida, cumulativa àquelas contidas nos conceitos anteriores, é a de que limita o evento ao ato comemorativo, idéia ainda bastante simplista. Basta questionar se uma passeata, um comício ou uma assembléia podem ser enquadrados como atos comemorativos que, embora eventos, não têm caráter de comemoração.

"Evento é a ação do profissional através da pesquisa, do planejamento, da organização, da coordenação, do controle e da implantação de um projeto visando atingir o seu *público-alvo* com medidas concretas e resultados projetados"[24]. Essa é uma das mais genéricas de todas as definições encontradas, uma vez que podem aí ser incluídas quase todas as atividades profissionais, não cumprindo a função básica que o conceitual teórico deve possuir: o de delimitar o campo onde o fenômeno ocorre, suas variáveis determinantes, só ganhando validade quando confrontada com a realidade.

"Evento é a soma de ações previamente planejadas com o objetivo de alcançar resultados definidos junto ao seu *público-alvo*"[25]. Este conceito chega a desqualificar a atividade profissional, seja ela qual for, dedicada a uma organização de característica formal de trabalho, uma vez que se pode entender o planejamento de um assalto ou mesmo o ato de doutrinar, perfeitamente compatíveis com a descrição acima.

"De maneira geral, pode-se afirmar que as reuniões estão voltadas para a aquisição de novas informações, atualização de informações, aperfeiçoamento ou capacitação do participante". A afirmação é de Miyamoto, que utiliza a palavra "reunião" como sinônimo de evento, pecando pela generalidade e ausência de conceituação mais precisa, ainda que se trate de uma das obras mais completas sobre o assunto[26].

Por sua vez, Margarida M. K. Kunsch, em sua obra *Planejamento de relações públicas na comunicação integrada*, ao citar Carlos Alberto Rabaça e Gustavo Barbosa, afirma que "o evento é um acontecimento que se aproveita para atrair a atenção do público e da imprensa sobre a instituição. Pode ser criado artificialmente, pode ser provocado por vias indiretas, ou pode ocorrer espontaneamente"[27]. A definição restringe o evento a instrumento exclusivo das áreas de propaganda, promoção e de relações públicas.

A preocupação acentuada deste trabalho com o aprimoramento teórico é partilhada por Karl Popper, para quem "teoria é uma rede através da qual colocamos ordem para captar o mundo, racionalizá-lo, explicá-lo, dominá-lo"[28].

Deve-se salientar a importância da preexistência desses conceitos para este trabalho já que, sem eles, mesmo não concordando com seus atributos, não seria possível chegar ao que se considera um avanço na forma de refletir sobre o evento. Portanto, baseando-se nessa apreciação crítica, o evento, como reunião política de pessoas e instrumento de comunicação, e não como sinônimo de *fato*, pode ser entendido como: *Acontecimento previamente planejado, a ocorrer num mesmo tempo e lugar, como forma de minimizar esforços de comunicação, objetivando o engajamento de pessoas a uma idéia ou ação.*

Ressalva deve ser feita no conceito quanto à variável *lugar*, uma vez que o avanço da tecnologia é tão veloz no que diz respeito ao uso de satélites e computadores que a definição pode se tornar obsoleta no mesmo instante em que está sendo formulada. Pode-se esperar que os eventos sejam efetivados na próxima década, na sua maioria, em lugares distintos, conservando o poder sinérgico da comunicação que têm hoje. Considerações sobre as transformações sofridas pela sociedade contemporânea, em todos os seus níveis, podem ser encontradas de forma pertinente na obra de Adam Schaff, *A sociedade informática*, na qual o autor reflete sobre o rompimento dos limites do espaço físico com o crescente uso de satélites e computadores na promoção de acontecimentos que, no entanto, ocorrem simultaneamente[29].

Num exercício de imaginação que esbarra na ficção científica, pode-se projetar a possibilidade de que, no futuro, a própria variável tempo poderá transformar o conceito em definição obsoleta caso as elucubrações do cineasta Steven Spielberg tenham algum fundamento real.

O EVENTO E SEUS OBJETIVOS

Como todas as formas de comunicação o evento tem sempre um objetivo a atingir. Apesar de ser uma função-meio, essas reuniões são freqüentemente confundidas com atividades com finalidades próprias, o que muitas vezes torna o evento um acontecimento confuso, desgastante, com desperdício de verbas e esforços. Para concebê-lo, o organizador deve primeiramente diagnosticar se o evento é realmente o meio mais eficaz para se atingir um determinado objetivo. Passada essa etapa, deverá verificar se a oportunidade é ideal e se os recursos disponíveis são suficientes para que o evento tenha o nível de qualidade necessário, sem o qual começa a trabalhar numa linha de risco nada aconselhável. Outra variável que deve ser considerada é o tempo necessário para o cumprimento de todas as etapas de um evento. Fazer um evento sem objetivos claros, ou conflitantes, e/ou em época inadequada, e/ou em prazo reduzido, e/ou com recursos insuficientes é, no mínimo, suicídio profissional. Para fugir desse perigo, aconselha-se certificar-se de que todos esses elementos estão dispostos de maneira adequada.

CLASSIFICAÇÃO DOS EVENTOS

Os eventos se caracterizam por diversos fatores que os diferenciam uns dos outros. Pode-se classificá-los tanto pelo seu conteúdo programático quanto pelos objetivos que os determinam. Nesse sentido, faz-se duas grandes divisões que para este trabalho tornam-se mais didáticas. A começar pela classificação de objetivos pelos quais são concebidos, pode-se definir os eventos como de natureza científica, técnica, comercial, social, cultural, institucional, política, de lazer etc. A natureza do evento está intimamente ligada à entidade que o promove, isto é, à intenção dessa entidade para com o *público de interesse** do evento.

---

* Em nosso trabalho, buscamos diferenciar os conceitos de *público-alvo* e de *público de interesse*; esse último, segundo nossa concepção, é o eixo ao redor do qual os eventos devem traçar sua estratégia. O assunto será retomado no terceiro capítulo.

Quanto à classificação dos eventos por conteúdo programático, é preciso esclarecer que isto depende também da quantidade de pessoas que dele devem participar, isto é, para um evento técnico, pode-se decidir por um congresso ou um painel; o que vai definir o tipo de evento será a quantidade dos participantes. Da quantidade de participantes e do tipo de evento teremos a escolha do local. Demonstra-se com isso que para a concepção de um evento as variáveis que interferem são inúmeras, tendo todas elas relevância significativa, necessitando portanto de elementos básicos de administração e planejamento.

Na classificação de eventos por tipo de programação, pode-se citar os mais comuns, ligados a objetivos técnicos ou científicos como os congressos, as feiras e/ou as exposições, as convenções, os seminários, as mesas-redondas, os simpósios, os painéis, os fóruns, as conferências, os ciclos de palestras, as jornadas, as assembléias, os estudos de casos, os *brainstormings*, os cursos etc. Para objetivos de natureza política encontram-se os comícios, as passeatas, as convenções de partidos, as assembléias. Como exemplo de eventos de natureza esportiva citam-se os torneios, as olimpíadas, os campeonatos. De objetivo cultural ou lazer existem as excursões, os *vernissages*, as mostras de arte. Para os eventos comerciais, destacam-se os lançamentos, os leilões, as feiras, as inaugurações.

Essa classificação, além de complexa, pode gerar discussão mais profunda em relação ao objetivo real que determinado evento pode ter, isto é, que eventos de conotação esportiva ou cultural podem ter objetivos de fundo comercial. É o chamado *marketing institucional* que, para Gaudêncio Torquato, é um novo universo onde as relações vêm sofrendo profundas transformações, substituindo o crescimento econômico por conceitos de desenvolvimento integral da sociedade e que, ao observar a crescente interdependência da economia mundial modificando o modelo de comunicação a serviço das instituições, aponta para uma preocupação não só com vendas mas também com conceitos de credibilidade[30]. Muito usado hoje em dia, o *marketing* institucional é aquele instrumento do qual as empresas, privadas e públicas, valem-se para creditar imagem positiva para seu escopo organizacional, segundo o qual empresta-se à imagem da empresa, por meio da divulgação de sua filosofia, a credibilidade de seus produtos ou serviços. Uma forma comum desta prática é o patrocínio de eventos para públicos visados.

Por tal motivo é muito comum encontrar eventos dos mais diversos tipos promovidos por organizações que nada têm que ver com as atividades fins desses eventos, como é o caso do Espaço Cultural Chap Chap, administrado e financiado pela Construtora Chap Chap; das exposições de arte promovidas pelo Citibank; e do patrocínio feito por diversas empresas a equipes esportivas.

Verifica-se que os nomes dados a essas estratégias de comunicação variam muito: *marketing* institucional, comunicação institucional, *marketing* social, propaganda institucional ou propaganda corporativa. O que realmente importa neste trabalho é a relevância que os eventos têm como instrumento nesse contexto, fato com o qual todos os autores que se dedicam ao tema concordam.

Os que atuam na área de eventos, profissionais de relações públicas ou não, devem ter em mente que se trata de uma atividade extremamente diversificada, que depende muito da sua adequação profissional. Quem não gosta de movimento, risco e improviso, mesmo em níveis de controle, deve descartar essa profissão. Os eventos, sejam do tamanho, objetivo ou forma de realização que forem, têm eles todos a característica da versatilidade, necessitando sempre criatividade, planejamento, controle e muito bom senso.

FATORES ESTRUTURAIS COMUNS E ESPECÍFICOS: PLANEJAMENTO

O aspecto em que há consenso entre teóricos e usuários da prática de eventos é o de que são inúmeras as variáveis que nele interferem. Todos concordam que o evento depende de muitos elementos que necessitam ser controlados na medida do possível, já que há fatores imponderáveis para os quais o organizador deve estar sempre atento, prevendo e mantendo sob vigilância todas as atividades de rotina. Soluções de emergência devem ser reservadas apenas para variáveis independentes ou imprevistas no momento em que o evento está sendo executado.

Faz-se aqui uma divisão que pretende, do ponto de vista didático, ser mais simples e clara, separando fatores estruturais e conjunturais. Para os fatores estruturais temos os que são comuns a todo e qualquer evento e aqueles que são próprios de alguns tipos característicos de reuniões. Há, portanto, os fatores estruturais comuns e os fatores estruturais específicos.

Fatores estruturais comuns

Dos elementos que compõem o evento, alguns são comuns a qualquer tipo de classificação, sejam os eventos culturais, científicos, políticos ou sociais; são os chamados *fatores estruturais comuns*, imprescindíveis para a elaboração do planejamento do evento: produto (ideológico ou material), local, data, ternário, programa, identificação e análise dos participantes, estratégias de comunicação, recursos financeiros, recursos materiais, instalações e serviços, *clima* da reunião, treinamento de pessoal etc.

Todo evento necessita, para o conceito adotado, de pelo menos alguns fatores estruturais comuns. Tema, público, local, data e clima são fatores que o organizador pode, de alguma maneira, determinar. Dentre eles, o binômio *tema/público* é, como será demonstrado mais adiante, o mais importante. Não existe o contexto evento independente desse binômio. Um determina o outro. O tema é escolhido em função do público que será levado ao evento e vice-versa. O bom organizador não perde de vista essa dupla relação durante todas as fases do evento. Dada a importância que tem o público, bem como seu interesse pelo tema, o assunto será tratado em tópico à parte.

O local

O local é estabelecido pelo organizador e também tem como determinante o binômio tema/público, uma vez que surge em sua função. Alguns detalhes devem ser levados em conta para sua escolha: localização geográfica, adequação de instalações, dimensões, disponibilidade de calendário etc.

A posição geográfica é uma das grandes preocupações para a escolha do local. Deve ser considerada a proximidade com a acomodação dos participantes, acesso fácil (transportes urbanos, aeroportos, rodoviárias etc. – dependendo do público do evento). Caso aconteçam eventos simultâneos, os locais devem ser próximos, para que se evite desperdício de tempo nas locomoções, sem deixar de considerar o elemento trânsito nas megalópolis.

Contar com as instalações e serviços adequados no local escolhido, próprios ao evento que está sendo organizado, é economia de tempo e dinheiro. Escolher local sem atentar para esse detalhe é inflacionar o orçamento final sem necessidade, uma vez que todos os equipamentos e/ou serviços necessários deverão ser orçados, encomendados, instalados e removidos no final do evento. Uma pesquisa bem-feita de locais disponíveis evita tal trabalho, sem contar o fato de que é muito menos dispendioso quando o local já possui condições para abrigá-lo.

A data

A data, apesar de fixada pelo organizador, pode sofrer interferência da oportunidade (comemorações, falecimentos, posses etc.) e, nessa medida, não poderá ser deslocada por interesse do planejamento. Nesses casos tem-se de adequar o evento à data.

Diante da possibilidade de uma data ser escolhida aleatoriamente, cabe ao organizador evitar que ela coincida com outras que possam vir a dividir o interesse do público que deveria participar do evento. Deverão ser observados os calendários de eventos de públicos comuns e, ainda, a questão de superlotação dos locais de hospedagem disponíveis na região. Assim, quando se organiza um congresso de grande porte, é necessário verificar quais outros eventos, mesmo de natureza diversa, podem ocorrer no mesmo período.

Como são raros os calendários oficiais que agregam todas essas informações, aconselha-se pesquisar os espaços específicos para eventos e hotéis. Normalmente, as reservas são feitas com grande antecedência.

Outro cuidado recomendado refere-se às datas de comemorações, feriados e acontecimentos oficiais, tais como eleições, Semana da Pátria, Dia Universal da Paz etc. A contratação de serviços e transportes ficará comprometida se houver coincidência.

O clima

O clima – evidentemente não se está falando de clima meteorológico – é um fator que alguns autores classificam como imponderável. Divergimos nisso. Não só é ponderável como pode perfeitamente ser previsto desde o início da formação da equipe que vai trabalhar em todas as etapas do evento. É necessário que se mantenha clima de harmonia com todos os elementos, dependendo sempre da forma de comando que as atividades terão. Se o clima, que é um fator estrutural a todos os eventos, for mantido em equilíbrio e reprogramado quando fugir do percurso desejado – de harmonia e de solidariedade –, essa equipe permanecerá coesa e cordial, ao mesmo tempo em que os efeitos disso serão sentidos no público participante. Diz respeito ao ânimo de todas as pessoas envolvidas nesse processo. Assim, se o clima for considerado um aspecto que pode e deve ser controlado, e não obra do acaso ou da sorte, tem-se o *astral* que o organizador desejar: formal, descontraído, rigoroso etc. É evidente que, para que se mantenha esse fator sob controle, os demais fatores do planejamento deverão ser administrados com rigidez, para serem evitados os indesejáveis improvisos e correrias.

O clima não é fruto de uma única providência. É a soma de várias atividades em todas as etapas de planejamento e execução do evento. Não bastam, por isso, mensagens de boas-vindas se as recepcionistas estão insatisfeitas e com a "cara amarrada", como se diz. A decoração sofisticada não será nem mesmo percebida caso o público participante permaneça de pé, esperando horas pelas fichas de inscrição ou pela abertura de portas. Pode-se concluir então que, sendo o clima fator de satisfação entre as pessoas que irão conviver num evento, ele dependerá muito da administração correta dos demais fatores e de atenção especial e constante para todos eles.

Fatores estruturais específicos

Há outros elementos importantes que são específicos de certos tipos de eventos e que também fazem parte da estrutura do seu planejamento. Nem sempre se programa uma banda de música, brindes ou passarela. Nem mesmo cerimonial/protocolo e comissão científica são constantes em todos os eventos. Basta lembrar que uma festa infantil ou uma aula podem ser conceituados como eventos, para que se perceba que seus fatores estruturais específicos serão respectivamente palhaços, mágicos, monitores de recreação e lousa, giz, retroprojetor, apostilas, e não os citados anteriormente.

Transporte para os participantes, atividades de lazer, atividades socioculturais, recepção dos participantes, recursos audiovisuais, são outros exemplos. É fácil compreender a diferença entre os fatores estruturais comuns e específicos no planejamento de um comício político preocupado com o treinamento de uma equipe para a recepção dos participantes. Da mesma forma, é inconcebível para o planejamento de um desfile de modas o cuidado em formar uma comissão científica para elaboração do tema e programação do evento.

Nesses fatores específicos, a criatividade é o ponto forte que normalmente confere toque de requinte e diferenciação. Sem nunca esquecer o bom senso para que se evitem os exageros e as pieguices.

FATORES CONJUNTURAIS PONDERÁVEIS E IMPONDERÁVEIS

Os fatores ponderáveis

São todos aqueles fatores que podem interferir no sucesso do evento bem planejado. Mais conhecida como lista Se, é uma relação de todos e quaisquer materiais e providências possíveis que venham a ser necessários caso ocorra um imprevisto. Chama-se lista Se porque depende de exercício de imaginação: se ocorrer tal coisa, se chover, se nevar, se alguém passar mal etc. Compõem normalmente as listas Se: caixa de primeiros socorros, cartões telefônicos, lâmpadas de reserva para retroprojetores, caixa de costura, fita crepe, pilhas e diversos outros itens. É evidente que se o evento não estiver programado no campo, cantil e vacina antiofídica serão considerados exageros. Essa lista será mais adequada quanto maior for a experiência do organizador.

Como os fatores conjunturais ponderáveis estão relacionados com a situação do evento, aconselha-se sempre ao organizador visitar as instalações do local escolhido antes do acontecimento. Se possível, mais de uma vez. Com esta precaução, será possível delimitar os horários e turnos das equipes de serviços que de alguma maneira possam interferir no evento. Sua presença no local com antecedência permitirá conhecer mais detalhes relevantes ao seu trabalho, tais como instalações sanitárias, voltagem e local das tomadas, sistema de telefonia e outros. Desta forma, adequa-se a lista Se à conjuntura física que estará disponível no momento do evento.

Os fatores imponderáveis

Fatores imponderáveis são aqueles que fogem da previsão e domínio do organizador de eventos: enchentes, passeatas, estados de sítio, greves de transporte, imprensa e correio, distúrbios sociais de qualquer tipo, falecimentos de pessoas envolvidas no evento etc. Pode-se imaginar o transtorno causado por qualquer uma dessas variáveis ao organizador de eventos quando da sua execução, caso não tenha estabelecido nenhum critério sério de previsão para os fatores ponderáveis.

Todos esses elementos devem ser estudados cuidadosamente pelo organizador, e fatores conjunturais imponderáveis de um evento passado deverão, sem dúvida, passar para a categoria ponderável no próximo, compondo a lista Se.

O GANCHO

Há um elemento que deve estar presente em todo evento e do qual muitos organizadores não percebem a importância como forte instrumento de comunicação. É o *gancho*, muito utilizado pelas áreas de publicidade, *marketing* e jornalismo. Aparece nos eventos como elo de ligação entre o binômio tema/público e permeia todas as suas etapas, de forma a compor um conjunto harmonioso. É a idéia em torno da qual serão criadas as peças de divulgação, os brindes, a decoração, os uniformes, as comemorações etc. Determinado no momento da concepção do evento, vai sendo utilizado potencializando a identidade do evento. Se o evento está ligado à ecologia, cria-se um gancho que vai definir toda a produção gráfica, o tipo de transporte, os brindes, o local, o clima, o lazer. Não se pode imaginar um evento sobre ecologia patrocinado por uma empresa que utilize sistemas de produção que poluem o meio ambiente. Mesmo para eventos científicos, os elementos que os compõem devem estar todos encadeados, não podendo ser esquecido nenhum detalhe fora desse critério lógico. O gancho, portanto, é a idéia em torno da qual está vinculada toda a fase de criação do planejamento do evento e auxilia, nas demais fases, na materialização dos símbolos que caracterizarão o evento, dando-lhe personalidade própria. Assim é que vemos num evento sua logotipia vinculada ao tema/público, à região geográfica, à época e a demais fatores. Da mesma forma que o uniforme das recepcionistas, o brinde, as pastas e o tipo de refeição poderão estar permeados pela idéia produzida pelo gancho. Sofrerá sempre forte influência do objetivo e da filosofia propostos ao evento.

FASES DO EVENTO

Alguns autores dividem o evento em três fases: pré-evento, evento e pós-evento, processo que também pode ser entendido como concepção, planejamento, execução e avaliação. Depois de verificada a necessidade real de se promover um evento e sua oportunidade ideal, ocorre a fase em que o evento é criado, englobando as etapas de concepção e planejamento, isto é, que tipo, onde, quando, porque, de que forma e, principalmente, a quem se destina o evento desenvolvido. É a fase do pré-evento.

Nessa fase do pré-evento são estabelecidos os fatores estruturais, comuns e específicos: local, data, tema, clima, identificação e análise dos participantes, estratégia de comunicação, planejamento de recursos materiais e financeiros, serviços e equipamentos, esforço de venda (ou obtenção de recursos), transporte, recepção, hospedagem, atividades sociais, atividades turísticas, sempre conforme o caso.

A fase de pré-evento é todo o período que antecede o evento propriamente dito. Época em que são criados e providenciados todos os seus componentes até antes da fase evento, que é quando ele se materializa. Na fase pós-evento ocorrem todas as atividades de avaliação e comunicações finais. Relatórios, anais, clipagem, certificados, cartas de agradecimento são elaborados e/ou remetidos nesta fase.

Os instrumentos que auxiliam todas as fases do evento são os calendários, organogramas e cronogramas. Estes tem papel fundamental em todas as fases, para que possíveis falhas possam ser corrigidas e reprogramadas a tempo. Aconselha-se utilizar esses instrumentos com cautela para não burocratizar o evento, criando reuniões e tarefas desnecessárias, acarretando perda de tempo e de recursos financeiros.

Deve ser dada ênfase especial ao fator antecedência, onde o cronograma tem importância fundamental como ferramenta de avaliação de viabilidade de todas as tarefas e providências para a concretização do evento.

Em última análise, o evento pode ser comparado a uma grande e sofisticada refeição onde cada prato tem seu tempo e sua forma especial de preparação, devendo ser servidos a uma só vez segundo regras e normas lógicas previamente estabelecidas. Cada tarefa é um prato.

3. As variáveis psicossociais do evento

A SUPERAÇÃO DO CONCEITO DE *PÚBLICO-ALVO* NO EVENTO

Dos fatores estruturais comuns identificados na fase do pré-evento, o mais importante é o estudo do público a que se destina. Tradicionalmente chamado de *público-alvo*, os organizadores e teóricos dos eventos emprestam esse conceito do *marketing* e da publicidade e propaganda. Com efeito, é dessas áreas a concepção de que o público atua como fator determinante para o êxito de qualquer atividade promocional de engajamento a uma ação ou idéia.

O papel do público no sucesso de uma empresa é de tal forma significativo que decide a própria existência de um "negócio". Em especial para a área de relações públicas, Nielander e Miller consideram que nenhum empresário individualmente e nenhuma empresa corporativa podem afirmar que são totalmente donos de um negócio se não tiverem a confiança daqueles com quem terão parceria[31].

Dessa forma, o público, como elemento principal a ser considerado entre os fatores estruturais comuns aos eventos, é eleito como *alvo* na medida em que as *reuniões* são avaliadas erroneamente como *produto*, confundido com aquele que é objeto de trabalho da área do *marketing* e da publicidade e propaganda. Nesse caso, o público-alvo (ou *target*) é aquela fatia da população que se tem em mira para induzir ao consumo de bens e serviços. O que se espera dessa fatia é uma resposta de aceitação passiva à proposta de consumo.

No entanto, por mais importância que as áreas do *marketing* e da publicidade e propaganda possam dar à opinião do público-alvo e à sua atitude, isso não pode ser comparado ao que se espera do público que participa dos eventos, porque, neste caso, a aceitação/participação deve ser *ativa* e *interessada*. Trata-se de binômio indissolúvel para o sucesso de qualquer tipo de evento, uma vez que o seu "consumo" não pode ser tratado da mesma forma que o simples impulso para a apropriação de um objeto qualquer. O sistema de comunicação ganha, então, dimensão maior porque exige dos receptores respostas contínuas que realimentam o processo do evento.

O *PÚBLICO DE INTERESSE*

Essas respostas só podem ocorrer se houver complementaridade entre a temática da *reunião* e o *interesse* do público. Já não se trata, portanto, de público definido genericamente como *alvo*, à semelhança do que ocorre com o consumidor comum de bens e serviços, mas de um *público de interesse* com necessidades específicas, capaz de exercer o poder sinérgico da comunicação entre os elementos temáticos do evento e todas as pessoas envolvidas nele.

A identificação do público de interesse exige mais do que a simples seleção tradicionalmente feita para a identificação do público-alvo. Neste caso, o público-alvo é detectado como uma parcela da população que compõe o mercado potencial para o consumo de algum produto ou serviço. No caso da avaliação do público ideal para participar de eventos, deve-se destacar do público genérico aquela fatia que tem contida em sua *motivação* os pontos intrínsecos ao tema da reunião.

Pode-se entender essa diferença ao pensar num evento como um leilão de cavalos, que, por meio de diversas técnicas de comunicação, atrai pessoas que, em sua maioria, jamais arrematarão qualquer animal. No entanto, esses participantes, não tendo sido selecionados pelo critério do *interesse* em comprar um cavalo, acabam comparecendo também ao evento por motivos diversos: beber, comer de graça, rever amigos, conhecer pessoas socialmente reconhecidas, iniciar um flerte etc. Dessa maneira, perde-se o *elo-chave* de interação entre público e tema importante para o sucesso da reunião. Isso ocorre em eventos de outras naturezas, inclusive nos congressos científicos onde o público de interesse não é normalmente identificado.

Tem-se, então, uma situação em que se verifica o distanciamento entre a proposta temática do encontro e a heterogeneidade de motivações existentes no público genérico, isto é, pessoas reunidas em torno de uma proposta antecipadamente comunicada mas... parco engajamento, descontinuidade, desinteresse. O que ocorre com mais freqüência nos eventos que fracassam é que seus organizadores, preocupados em obter o maior número possível de participantes, acabam por *inchar* as reuniões que organizam, provocando disparidade entre o verdadeiro aparato de mobilização utilizado e os resultados finais obtidos.

Dessa maneira, a quantidade de participantes não coincide com a qualidade de sua satisfação. Quantas vezes as pessoas verificam, ao participarem de um determinado evento, que não têm motivo ou interesse real pelo tema? Quantas vezes não se questionam o que realmente estão fazendo ali? Na verdade, eram *público-alvo* e não *público de interesse* e, por isso, seu nível de satisfação será sempre questionável.

PÚBLICO DE INTERESSE E MOTIVAÇÃO

A identificação do público de interesse não é uma questão meramente técnica. Quer dizer, não basta o planejamento adequado à fatia do público-alvo adotado de forma superficial. Trata-se, antes, de operacionalizar de maneira competente os elementos da psicologia da motivação, uma vez que o engajamento referido deve resultar numa participação subjetivamente ativa, que trabalhe com o substrato dos interesses do público.

Levantar a questão de que a motivação só ocorre no âmbito das necessidades secundárias não é preocupação deste trabalho, nem mesmo se o *esquema seqüencial das necessidades* proposto por Maslow é mais competente que a *hierarquia das necessidades* de McGregor para se avaliar mais profundamente como se dá a busca do ajustamento humano.

O que realmente importa é o caráter intrínseco que a motivação exerce sobre os indivíduos. Que uma motivação só perdura enquanto existir a necessidade que dá origem a ela; cessada esta, finda aquela. Esse conceito baseia-se na teoria de Cecília Whitaker Bergamini, que critica as teorias comportamentalistas, em especial a do reforço positivo de Skiner, por se restringirem ao campo dos estímulos extrínsecos às pessoas, gerando tão-somente *movimentos/condicionamento* e não *motivação*. Bergamini considera ainda que a motivação é um conjunto de dimensões muito mais amplas e complexas do que as apontadas por Skiner, e que suas teorias não esgotam a complexidade de toda a conduta humana. Para Bergamini, o condicionamento operante de Skiner dá-se em um nível bem superficial da personalidade, que, por isso mesmo, não esgota a questão da motivação[32].

Para a autora, o que se sabe sobre o psiquismo humano não é suficiente para se determinar e prever como ocorrem todos os tipos de comportamento do homem de forma abstrata ou genérica, como é proposto por inúmeros livros de administração, principalmente quando se preocupam em analisar e inferir sobre o comportamento humano nas organizações.

Acredita ela que os modelos behavioristas, principalmente, restringiram a compreensão do comportamento humano à dualidade estímulo/resposta, simplificando de tal forma seus estudos que reduzem o entendimento do comportamento organizacional a um modelo de ciência exata, como se o homem pudesse ser artificialmente explicado e, portanto, controlado[33].

É nessa medida que a teoria da motivação tem papel fundamental para o tema eventos, na proporção em que constata que o indivíduo é pouco ou apenas superficialmente vulnerável a mudanças de comportamento por ação de elementos externos. Portanto, se o ideal é que o participante dos eventos esteja vinculado ao tema por meio de maior engajamento, isso não poderá ser efetuado de maneira artificial. Só mesmo detectando os verdadeiros interesses desse participante, e a possível identificação com o tema do evento, tem-se o público de interesse real com participação ativa e interessada, como é necessário para o sucesso da reunião.

A teoria de Bergamini é destacada porque conceitua que não é possível atrair o público ideal de forma artificial, sem que haja real interesse pelo tema, e obter sua satisfação no final do evento.

Não basta o evento ser planejado de forma perfeita quanto a local, data, programa, estratégia de comunicação etc. Caso o tema não tenha íntima ligação com o participante, isto é, não for captado o público de interesse desse evento, o resultado final não será satisfatório.

Sendo o público o fator estrutural mais importante, sem o qual o evento não ocorre, a identificação de sua natureza é fundamental. Aí estará embutida a necessidade que pode gerar o interesse, que, por sua vez, provoca a verdadeira motivação. Na avaliação de eventos não é suficiente a simples contagem do número de participantes para a aferição de seus resultados. A quantidade de pessoas que participa de um evento, ainda que seja numericamente significativa, não representa necessariamente a presença do público de interesse, que remete à avaliação qualitativa e não à quantitativa. É evidente que, obtendo-se o público de interesse em número ideal, e planejamento adequado dos demais fatores controláveis, mais próximo o evento estará de seu sucesso.

O mesmo não pode ser dito em relação à avaliação das respostas de campanhas publicitárias e de *marketing* que se baseiam em público-alvo, pois desta avaliação espera-se mais um resultado quantitativo, nem sempre preocupado com a qualidade desse público. Prova disso é a quantidade de trabalhos e pesquisas nessas áreas, tanto teóricos quanto práticos, que procuram descobrir quem é o público-alvo de determinado segmento de mercado e, principalmente, qual o seu número. Para isso é que existem inúmeras entidades de pesquisa de mercado que operam com estudos quantitativos por meio de amostragens e análises probabilísticas para identificar o público-alvo e estimulá-lo ao consumo de bens ou serviços.

O evento pode ser imaginado como uma grande engrenagem, em que o público seriam os dentes que fazem girar o mecanismo. Se não há participação ativa desse último, o evento não se movimenta, uma vez que é um processo dinâmico. Daí a diferença entre a atuação do público de interesse e o movimento que se espera do público-alvo. O primeiro motivado atua, o segundo estimulado reage.

Partindo desses pressupostos, considera-se público de interesse *a parcela da população com necessidade específica e respectiva motivação necessárias para o engajamento a uma idéia e/ou ação propostas por um evento.* Pode-se dizer que o público de interesse está para o evento como o público-alvo está para o *marketing* e para a publicidade e propaganda.

A VENDA DO EVENTO E O LÍDER DE OPINIÃO

Outra preocupação dos organizadores de um evento é com a sua "venda". Quase todo evento depende de recursos financeiros para ser realizado e a sua venda tem vários significados. Para entender essa afirmação é necessário saber de onde vem o dinheiro para a execução do encontro, isto é, quais as possíveis fontes de recursos financeiros que podem viabilizar um evento do ponto de vista material.

O evento pode ser bancado financeiramente pela própria entidade que o promove, como no caso das convenções com funcionários de empresas públicas e privadas, ou dos comícios políticos que são financiados por seus respectivos partidos.

É necessário aqui estabelecer alguns conceitos para melhor compreensão dessa dinâmica que envolve a entrada de numerário no evento.

Promotor é o *dono* do evento, aquele que é responsável pela sua existência; pode ser a entidade que encomenda ao seu departamento interno ou a uma assessoria externa o planejamento e a execução do evento. No caso de esse trabalho ser efetuado pelo *pessoal da casa*, o promotor e executor/organizador formam a entidade em questão. No caso de ser contratada uma assessoria externa, o promotor é a organização que a contrata e o executor a assessoria, visto que são pessoas jurídicas independentes. Há também as entidades patrocinadoras que são instituições independentes do processo de execução do evento, podendo envolver-se com o público de interesse, incluindo-o de alguma maneira no seu *target*. Isto é, o público de interesse do evento está relacionado ao público-alvo do patrocinador.

Isso ocorre quando o promotor não tem recursos financeiros para promover o evento, buscando-os em outras organizações. Quando a transferência de recursos é em dinheiro, o nome que se dá é patrocínio.

Além dessa participação, o evento pode contar também com o "apoio" ou "apoio cultural". Trata-se do respaldo material ou de serviços provenientes de empresas que atuam à semelhança do patrocinador mas que, no entanto, diferem em dois aspectos: sua contribuição material em espécie é menor que a do patrocinador, ou sua participação não se dá através de numerário, mas com recursos materiais ou prestação de serviços de outra ordem (brindes, material gráfico, assessoria de imprensa, serviço de recepção etc.).

Quando são vários patrocinadores, sendo todos financiadores em espécie, o título de patrocínio cabe a quem participou com a maior quantia, e os demais constarão como apoio ou apoio cultural.

As organizações que participam de eventos, tanto como patrocinadores quanto como apoios, lucram por obterem reconhecimento da opinião pública quanto à imagem institucional, e, principalmente, têm à sua disposição fatia selecionada de seu *target*, podendo com ela atuar direta ou indiretamente em diversas formas de promoção de seu interesse.

Esse elenco composto pelo promotor, pelo executor/organizador, pelo patrocinador e por instituições que emprestam ao evento seu apoio cultural, é uma das fontes de recursos financeiros que o viabilizam, restando apenas o financiamento de entidades governamentais e a *adesão* de participantes.

Em todos os casos mencionados, a *venda* do evento é um processo "corpo-a-corpo" entre o promotor e qualquer outro elemento do elenco indicado acima. Somente no caso dos participantes é que esse processo se altera com a interferência de técnicas de propaganda, publicidade, *marketing* e assessoria de imprensa, que visam atrair a presença do público, outra fonte fundamental de recursos financeiros para o evento. Nesse sentido, e na medida em que muitas instituições sobrevivem graças a esse artifício, a identificação do público de interesse adquire importância estratégica para a consecução de seus objetivos. Tradicionalmente, a concepção de que o evento é um serviço comum leva seus organizadores ao equívoco de utilizarem as mesmas táticas de divulgação com que se trata o estímulo para público-alvo. É aqui que se verifica um erro comum entre os organizadores de evento. O público é tratado como um produto comum a ser consumido e de qualquer maneira, não sendo considerada sua verdadeira satisfação em participar. O que importa é que se obtenha o maior número de adesões, venda de convites, reservas, inscrições etc. Tudo conquistado por estímulos artificiais que podem até lotar o local do evento, mas de público-alvo, e não de público de interesse.

O evento é parte integrante do "setor de serviços", podendo ser colocado ao lado daquelas atividades relacionadas com educação e cultura, todas elas exigindo as mesmas técnicas de *marketing*, de divulgação, da promoção de vendas, das relações públicas e da força de venda para que o público, seja ele qual for, venha a tomar conhecimento da sua existência.

No processo de "venda" do evento ao público responsável por parte dos recursos financeiros necessários, utilizam-se as várias técnicas de *marketing*. O que não pode ser esquecido é que este público deve ser muito bem informado sobre o tema e o objetivo do evento, não sendo sonegada nenhuma informação relevante para detectar-se sua motivação real. Diferente dos demais instrumentos de comunicação, o evento não tem informação nele mesmo, precisando de quase todos os outros componentes do *mix* comunicacional para ser conhecido.

Não está em discussão a validade dessas técnicas adotadas para a "venda" de um evento, e sim o fato de que elas não são suficientemente capazes de mobilizar o público potencialmente motivado para o evento. Em outras palavras, a comunicação do evento, calcada exclusivamente nas formas tradicionais do *marketing* de serviços – como é usual –, conquista apenas o público-alvo, impedindo que o evento tenha a adesão do público de interesse, que possui o elo de ligação entre a motivação e o tema do evento. A identificação desse público de interesse deve ocorrer nos grupos informais, através do líder de opinião, com um poder ainda não explorado, como foi destacado no primeiro capítulo deste trabalho quando historiada a evolução dos estudos da escola humanista de administração.

A importância do líder de opinião nos grupos informais é salientada por Gaudêncio Torquato, quando defende que "...o conteúdo da mensagem transmitida pelo jornal, pelo rádio ou pela TV só teria alguma influência sobre o indivíduo depois que este consultasse o seu líder de opinião a respeito do assunto".

"Assim, o objetivo principal dos meios de comunicação de massa deveria ser o de influenciar primeiramente tais líderes de opinião, para que estes pudessem exercer sua influência sobre a audiência de um modo geral. Os líderes de opinião identificados pelos estudos de Lazarsfeld e por outros que o seguiram não precisam necessariamente ser (e geralmente não o são) os líderes formais da comunidade. Numa empresa, por exemplo, os líderes não são necessariamente os chefes, capatazes ou encarregados do setor, mas sim aquelas pessoas que, por qualquer motivo, desfrutam de uma certa ascendência sobre as demais."[34]

Dessa maneira, o que poderia ser considerado um trabalho a mais para o organizador, seria antes ação de investimento na qualidade de satisfação dos participantes. Sugere-se que primeiramente se pesquise um número mínimo de três líderes de opinião no universo onde se acredita estar contido o público de interesse (normalmente dentro do público-alvo). Sem dúvida, um pequeno grupo de líderes, sendo a menor representação sensível desse universo, terá condições mais favoráveis de informar quais as necessidades do público de interesse que o organizador sozinho por trás de sua mesa e cronograma.

Esse grupo, trabalhando com o organizador, terá condições favoráveis de fornecer informações básicas e fundamentais para que o evento seja elaborado com características bem próximas das necessidades, interesses e motivação do público certo. Até mesmo para que se saiba onde está ele localizado.

Essa idéia já era praticada há vinte anos pela Construtora Albuquerque & Takaoka na elaboração de cozinhas em seus prédios residenciais: associava ao trabalho dos arquitetos, na fase do projeto, as sugestões de cozinheiras que, no final das contas, seriam as verdadeiras usuárias daquela edificação. Portanto, líderes de opinião em cozinha. Não se sabe de nenhuma reclamação sobre o resultado dessa experiência.

Outro aspecto que pode ser levado em conta é que, quando os líderes de opinião trabalham junto com o organizador, retornam ao público de interesse informando das vantagens que o evento pode ter obtido adesões conscientes e motivadas.

4. Um estudo de caso

Foi realizada uma pesquisa de campo durante três anos consecutivos com o público participante de congressos da Intercom. Trata-se de uma entidade científica de estudos interdisciplinares na área da comunicação. Seus congressos ocorrem anualmente, e deles participam professores, alunos (de graduação e pós) e profissionais desse segmento. Entre os anos de 1989 e 1991, ocorreram, respectivamente, o XII Congresso Intercom, em Florianópolis, o XIII, no Rio de Janeiro e o XIV, em Porto Alegre.

A pesquisa amostrou um total de 521 pessoas num universo de 1.356 participantes dos três eventos. O trabalho de aferição de variações de opinião estatisticamente significativas, por meio do método de amostragem não pareada[35], teve como objetivo principal verificar em que medida o líder de opinião interfere decisivamente na adesão do participante de eventos, quando da *venda* dos congressos para o público.

No estudo realizado, percebeu-se a presença de participantes que, na verdade, não poderiam ser classificados como público de interesse. Tinha-se presente um elenco composto por alunos de diversos níveis, profissionais, interessados, professores e cientistas da comunicação. Sendo a Intercom uma entidade dedicada ao estudo das ciências da comunicação, e levando-se em conta o fato de que os temas dos três congressos em questão abordavam assuntos de interesse de pesquisadores, professores e cientistas, ou no máximo de profissionais da área, e não de alunos de graduação, pode-se perceber que o público presente era público-alvo e não público de interesse. Mesmo com o planejamento global adequado e fatores ponderáveis sob rígido controle, pelas premissas propostas, seria difícil satisfazer às necessidades dessa gama tão variada de indivíduos.

Buscava-se a avaliação da seguinte hipótese: a indicação de amigos (líder de opinião) é a forma de comunicação mais eficaz na composição do público de interesse? Num segundo momento, procurou-se investigar a relação entre o público de interesse que decidiu participar por indicação do líder de opinião e sua respectiva satisfação com o evento.

A pesquisa, que foi realizada com a aplicação de um mesmo questionário, demonstrou o acerto da principal hipótese daquele estudo: os líderes de opinião interferem de maneira decisiva na mobilização do público de interesse de um evento. Ainda que a entidade promotora dos congressos não tenha se preocupado em utilizar de forma sistemática a influência de tais líderes, sua ação circunstancial evidencia o peso que têm na composição de público. Mesmo assim, o papel da "indicação de amigos" se equiparou, em resultados, às formas tradicionais de divulgação e de mobilização dos participantes, especialmente em relação à "mala-direta", o segundo meio mais influente na mídia dos congressos pesquisados.

Além disso, os resultados da pesquisa abrem caminho para uma interpretação subjacente à indicada acima, isto é, o papel do líder de opinião não se esgota na mobilização do público, mas pode responder também pela formulação de vários elementos que compõem o planejamento do evento, desde o temário até a indicação de palestrantes, local, data etc. Quer dizer, a presença do líder de opinião, desde que este seja adequadamente identificado pelos organizadores de um congresso, atende também aos elementos vinculados à motivação do público, pela proximidade social dos grupos informais que o líder tem. Trata-se, na verdade, da *figura* que porta os elementos da representação coletiva sensível, capaz de oferecer um espectro público ideal de um evento.

Evidentemente, na medida em que a Intercom não trabalhou essa influência, a coleta de dados se deu numa situação adversa à comprovação ideal da hipótese. Verifica-se, no entanto, a presença de uma tendência expressiva – não apenas na problemática da mobilização do público de interesse, de resto comprovada estatisticamente –, mas também na mensuração do nível de satisfação dos participantes dos congressos de Florianópolis, Rio de Janeiro e Porto Alegre.

A situação ideal para uma aferição positiva dessa tendência só poderia se dar na medida em que a entidade promotora se dispusesse a organizar outros três congressos nas condições indicadas neste trabalho. Isto é, uma "situação de controle" (os três congressos já pesquisados), e uma "situação de observação", através da qual seria possível verificar a diferença existente entre congressos que exploram a influência do líder de opinião de forma sistemática e congressos que não o fazem. O que poderá estender-se a todo e a qualquer tipo de evento.

5. Histórias em que a vida imita a arte

Relato parte das minhas experiências nesse mundo fascinante que é o do evento. Fascinante sim, pois seus resultados são sempre obtidos a curto e médio prazos, o que não ocorre com tanta freqüência nas demais atividades de comunicação. Por maiores que sejam as previsões e o planejamento, as surpresas são inúmeras, algumas delas terrivelmente preocupantes. Tanto que tiram o sono de qualquer profissional experiente. Mas há outras muito agradáveis também. Vamos a elas.

PRIMEIRO TROTE CIDADÃO DO PAÍS

Este evento foi realmente um grande sucesso, pois atingiu todos os objetivos, que eram :

- dar credibilidade ao Centro Acadêmico Wladimir Herzog, da Faculdade Cásper Líbero;

- fortalecer a imagem da faculdade como pioneira no ensino de comunicação no país, e ainda unir os estudantes das três áreas: jornalismo, publicidade e relações públicas.

Mas, para que se tenha uma visão de como ocorreu a concepção do evento, há que se detalhar o contexto histórico da época. Era o ano de 1993, a imprensa dava destaque à morte de um aluno em um trote violento, o que vinha ocorrendo em diversas faculdades.

Como de costume, voltei pra casa e fiquei assistindo aos noticiários na televisão. Num bloco, o enfoque era a morte do rapaz e no seguinte, a falta de sangue no hemocentro de São Paulo. Aquilo me fez refletir: o trote nas faculdades é uma tradição e um rito de passagem. Por que não unir os dois assuntos e usar aquela energia e o idealismo dos jovens alunos para uma causa nobre? Estava concebido o trote cidadão. Mas como eu sozinha daria cabo do que tinha em mente? Utilizar os professores? Não me parecia uma boa idéia, pois para ter maior credibilidade deveria contar com a atuação dos alunos e, por meio do Centro Acadêmico, pretendia obter a adesão dos líderes da escola, sem o que a iniciativa não vingaria. Naquela mesma noite, procurei o presidente do Centro Acadêmico (CA) e expus minha idéia, no que fui prontamente atendida; ele apaixonou-se pelo projeto e fomos formatando o evento. Aqui devo destacar o fato de que, naquele momento, havia muito conflito entre o CA e a direção da faculdade, *apoiada pela mantenedora*, por conta dos aumentos de mensalidade. Para se ter uma idéia, os alunos chegaram a acampar nas instalações da faculdade e a fundação só conseguiu tirá-los de lá cortando água e luz do prédio.

Consegui a adesão do CA com o argumento de que se desviassem as atenções da mídia para uma pauta mais importante e digna, a credibilidade que almejavam com os alunos em geral e com a própria fundação viria automaticamente. Esta avaliação foi tão acertada que o presidente do CA, depois do episódio, foi primeiramente presidente da UNE e, logo depois, deputado, tamanha a visibilidade que alcançou. O quartel-general foi montado na minha casa, muito próxima da faculdade, para facilitar as questões de horário e burocracias.

O mais difícil mesmo foi convencer alguns alunos mais rebeldes a trocar o trote por doação de sangue; eles queriam era o trote tradicional, com corte de cabelo e pedágio na rua, afinal havia chegado a vez de eles serem os veteranos e mudar algo tão esperado não é tão fácil assim. Eu já era vice-diretora da faculdade, vista, portanto, com certa reserva pela maioria. Tivemos (eu e os diretores do CA) que ir de sala em sala para demonstrar os benefícios do trote que nesta altura já se chamava "Trote Cidadão". Quem batizou o evento foi o professor Claudio Andrade que, assim que teve notícia, engajou-se na empreitada.

Cronogramas, *checklist* e *mailing* de imprensa eram produzidos e revisados. Os alunos trabalhavam em conjunto, era uma verdadeira agência de comunicação integrada.

Foram criados um logotipo e um *slogan* para a campanha, que era: "Calouro também é gente, nosso trote é diferente".

Um selo adesivo foi produzido para que o calouro que doasse sangue ou alimentos ficasse livre de trote, não podendo ser tocado pelos veteranos, era o "passe livre do bicho".

Contatamos Gilda Fleury Meireles, da Secretaria da Saúde, que foi de preciosa ajuda, enviando técnicos do hemocentro para analisar a possibilidade do trabalho conjunto. Uma sala foi designada para ser o local das doações (a velha sala de redação). Macas foram trazidas, assim como todo o equipamento laboratorial necessário. O engajamento foi tal que até funcionários da Fundação Cásper Líbero, sem vínculo com a faculdade, acabaram por doar sangue.

Evidente que tudo seguiu as normas convencionais de relacionamento com um órgão estatal, como os devidos ofícios que a superequipe de alunos levava em mãos. Providenciamos mapas e plantas das dependências da faculdade para que o calouro pudesse se localizar nos primeiros dias. Além disso, uma palestra foi proferida pelo assessor da fundação dando as boas-vindas aos calouros e apresentando cada coordenador de curso, todos os professores e o secretário Alípio com sua equipe. Depois foi apresentada uma peça pela trupe da Cásper, que tinha como atores Paulo Capovila e Suely Gonsalves, ambos atores profissionais atualmente.

O CA sugeriu que deveríamos acrescentar ao projeto doação de alimentos, o que resultou em meia tonelada de não-perecíveis à campanha do Betinho que acontecia então.

O sossego dos corredores à tarde foi substituído por filas para as doações e para as entrevistas feitas pelos profissionais da saúde, assim como pelo movimento da imprensa fotografando e filmando, além de entrevistas por telefone dadas para rádios.

O sucesso pode ser medido pela disseminação desta prática por todo o país e ainda pelo concurso que é promovido anualmente pela DPaschoal, (grande empresa de pneus em São Paulo) cujo objetivo é premiar o melhor trote cidadão do país. Nosso evento foi coberto pelos maiores jornais de São Paulo, pela revista *Veja* e pela TV Globo, que dedicou uma manchete para o trote cidadão no Jornal Nacional daquela ocasião.

DIPLOMA VIRTUAL

Era o ano de 1997. Ano no qual deveríamos comemorar o cinqüentenário da Faculdade Cásper Líbero. Naquela época, eu era vice-diretora da faculdade, acumulando a função de coordenadora de tais comemorações. Como pioneira no ensino superior de jornalismo, pensei que esta deveria ser a área mais destacada entre os cursos oferecidos pela Cásper. Sendo assim, resolvi que no dia da fundação da escola, 19 de maio, o jornalismo como instituição deveria receber a homenagem. Foi desta forma que decidi pelo nome de Roberto Civita a ser agraciado com o título de doutor *honoris causa*. Isso demandou uma série de negociações tanto com a Editora Abril, quanto com a própria fundação, uma vez que seria a primeira honraria do gênero a ser praticada pela Cásper.

A primeira providência foi saber se ele aceitaria a titulação; para tanto, utilizei meus contatos particulares para marcarmos uma reunião, em que lhe entreguei um ofício da congregação, que havia aprovado anteriormente a iniciativa. Fui acompanhada pelo então diretor Amaury Moraes de Maria.

Foi montada uma equipe multidisciplinar de seis estagiários que trabalhou comigo durante todo aquele ano; a melhor equipe que conheci ao longo dos meus mais de trinta anos de vida profissional. O evento em si não seria tão complicado, uma vez que eu conhecia pessoalmente o ritual, tanto aqui quanto na Europa. Mas existiam graves problemas políticos e grande burocracia para obter autorização de verbas, salas e serviços, no que esses estagiários foram preciosos, correndo com ofícios e engajando o pessoal interno da fundação para amenizar nossas dificuldades. Depois de um concurso interno para aprovar o logotipo do cinqüentenário, era preciso conseguir um espaço na agenda de Civita, dono do maior parque gráfico da América Latina e produtor da *Veja*. Acertada a agenda, começamos com o trabalho de orçamentos: gráfica para o convite, bufê para o coquetel, calígrafo para o diploma e muitos outros detalhes.

Um dos itens mais complicados foi o diploma, que tinha de ter o texto adaptado da USP, aprovado pela congregação e depois passado ao calígrafo. Esta peça ficou mesmo muito boa, só faltava a fita de cetim para amarrá-la em forma de canudo. Esta fita foi procurada em toda a São Paulo, pois não havia nenhuma com largura proporcional ao tamanho do pergaminho. Corri por todas as lojas de armarinho do centro e da rua Augusta até encontrar. Este trabalho não passei para os estagiários, já que eu fazia questão de que o cetim fosse de seda pura, coisa que os mais jovens não conseguem distinguir. Outra questão também trabalhosa foi cruzar os *mailings* de convidados para que ninguém fosse esquecido nem recebesse o convite em duplicidade. Tudo preparado, cronograma em ordem, chegou o grande dia. Os estagiários estavam treinados e devidamente vestidos de recepcionistas – coisa que sei fazer com qualidade.

Tivemos de acompanhar a guarda pessoal do governador, que veio vistoriar as dependências da fundação, já que o evento ocorreria no auditório da TV Gazeta e no salão que o precede, que tem 3.000 m². Esta visita demorou mais do que imaginei e ainda teria de me aprontar adequadamente para ser a madrinha do futuro doutor, isto por ser a única com título de doutor na congregação (só outorga um título quem o possui). Isso implicou também a coordenação dos recepcionistas que atuavam no evento na mesa de cerimônia. Eu mantinha para tanto um *checklist* junto com o discurso que faria.

Minutos antes de os convidados chegarem, fui passar o som com o mestre de cerimônia, que na verdade era um locutor da Rádio Gazeta, indicado pelo diretor. Em cima da hora, precisei fazer umas correções no seu texto à caneta, e ele exigiu que fossem feitas à máquina, ou não conseguiria ler de forma adequada. A faculdade fica no quinto andar e estava toda trancada, era uma tarefa que só confiaria a um dos meus estagiários, que naquele momento já estavam recebendo e encaminhando as autoridades que chegavam. Foi uma grande correria que gerou *stress* no grupo.

Na medida do possível, tudo parecia transcorrer sob controle; fiz meu discurso com as pernas bambas e voltei ao meu lugar na mesa. Aqui vale salientar a disposição em que nos encontrávamos: o professor Amaury no centro da mesa, Civita à sua direita e eu à sua esquerda. Hoje, com o distanciamento do tempo, acho que foi isso que me salvou de um tremendo desastre. Decidi comentar com o diretor que um evento é similar a uma peça de teatro, pois o que importa é o que o público vê e não o que acontece realmente nos bastidores. Foi quando, lendo o programa que era apresentado pelo mestre-de-cerimônias, antecipei que sua fala seria: "Neste momento o excelentíssimo senhor diretor Amaury Moraes de Maria faz a entrega do diploma ao doutor Roberto Civita". Meu Deus! E o diploma?! Lembrei que ele ficara no armário do camarim da TV Gazeta, um andar abaixo, e não daria para nenhum recepcionista correr lá a tempo de apanhá-lo. Contei o ocorrido ao diretor que, atônito, me perguntou o que fazer. Eu disse a ele que contasse a Civita, levantasse e entregasse um papel qualquer que tivesse à frente, ao homenageado. O diretor acatou e cumpriu a orientação na maior discrição. Resultado: Civita levantou-se rindo do ocorrido e recebeu como substituto do diploma o discurso que ele próprio havia trazido. As fotografias e filmagens que documentaram a entrega do diploma foram feitas com Amaury entregando um maço de papéis trazidos pelo próprio Civita. Posteriormente, foram feitas documentações de Civita com o diploma verdadeiro, confeccionado com tanto esmero.

Isso me deixou uma grande lição em eventos: não se pode perder o foco por minúcias.

Detalhe: era conhecido, entre suas secretárias, o destempero do professor Amaury quando algo saía errado em algum evento que ele presidisse – algo que faltasse ou alguma autoridade presente que não fosse devidamente encaminhada ao lugar de honra. Era comum ele pegar o microfone e chamar a atenção de seus colaboradores no decorrer do evento, na presença de todos. Tudo isso fez que este evento fosse um dos mais emocionantes da minha vida profissional. No final deu tudo certo e recebemos inúmeros telegramas de congratulações pelo sucesso do evento.

PALESTRA INTERATIVA

Ainda em 1997, quando coordenava o cinqüentenário da Faculdade Cásper Líbero, estava eu para lançar a segunda edição deste livro. Resolvi, então, promover um evento que deveria interessar aos leitores do livro, e principalmente aos alunos de comunicação. Este evento deveria ser auto-explicativo. Tinha em mente proporcionar aos participantes uma visão literal do que é um evento e de como ele é tratado numa agência de comunicação.

Para tanto, elaborei um projeto que mostrava fisicamente uma agência de comunicação, montada no saguão do terceiro andar da fundação que precede o auditório da TV Gazeta. A divulgação, feita nos murais da faculdade e num *banner* diante do prédio, na avenida Paulista, convidava para uma palestra interativa.

Montamos esta agência com móveis da TV de tal forma que, quando as pessoas saíam dos elevadores para ter acesso ao auditório, placas indicativas da palestra encaminhavam estas pessoas por dentro da agência fictícia. Para dar maior visibilidade do processo em cada departamento da agência, atuavam alunos de teatro da Escola Shakespeare, misturados com alunos da própria faculdade. A agência começava com uma sala de espera, passando pela sala de atendimento ao cliente, e demais salas de criação do evento. O capricho das pessoas que me auxiliaram era tamanho que chegaram a exibir em computadores os programas que originaram a divulgação real da palestra, com o logo do evento estampado nos monitores.

A nossa agência tinha também uma sala de secretária, telefonista, e a última etapa, composta por um espaço de infra-estrutura para o evento que realmente estava ocorrendo no auditório ao lado. A atuação da equipe foi tão factível que muitas pessoas acreditaram ter entrado no lugar errado, isto é, em uma agência de verdade, e que estariam atrapalhando o trabalho dos "profissionais" que organizavam o evento. Neste momento, o que impediu as pessoas de voltarem atrás foi a previsão dos recepcionistas, que encaminhavam os participantes explicando a intenção do cenário.

Já no auditório, proferi uma rápida palestra que pontuava os principais conceitos do livro, e, para ser mais interativa, convidei sete pessoas da platéia para participar de um *brainstorming* de minha autoria que tem por objetivo aquecer o raciocínio para a fase de criação de eventos. O exercício é uma orquestra de bichos, em que cada participante escolhe um ruído de animal, e o maestro – no caso, eu – vai regendo a entrada de cada um, assim como a elevação do som. Este exercício, no qual já tenho bastante prática, arrancou boas risadas da platéia e foi relatado pelos participantes como uma experiência surpreendente e profícua.

A única surpresa desagradável que tive neste evento foi que, sentindo a falta dos meus alunos na platéia, fui informada pelos estagiários de que o diretor Amaury Moraes havia passado de sala em sala do curso de relações públicas, avisando que quem fosse à palestra teria falta na aula correspondente, coisa que já havia sido aprovada por ele.

Para a montagem desta complexa estrutura tive a ajuda, além dos funcionários da TV, dos meus estagiários, do meu colega Carlos Ribeiro e dos donos da Infopress, Cristina Rocha e Alex Werfel, que foram de uma dedicação incomum.

Penso que o objetivo de mostrar visualmente como se produz um evento foi alcançado.

CACO DE VIDRO + LOCAL DO EVENTO = MUITO ERRADO OU MUITO CERTO (+)

Eram as minhas primeiras experiências no mundo dos eventos. Depois de trabalhar vários anos na área financeira da habitação, numa empresa líder de mercado onde era gerente regional, aventurei-me em propostas fantásticas de um novo emprego que durou seis meses. Como o filho pródigo, voltei àquela que havia sido a minha maior escola profissional, a Delfin S.A. de Crédito Imobiliário. Não era habitual a readmissão de funcionários e nem mesmo havia uma vaga para mim no cargo de onde havia saído. Propuseram-me a escolha entre dois departamentos novos que estavam sendo criados – o de Promoção e Divulgação, e o de Eventos Especiais. Já de início, percebi que não havia separação entre essas atividades, que praticadas em conjunto dariam resultado final melhor.

Chefiei ambos os departamentos até o infeliz desfecho que culminou com o encerramento da empresa, naquela injustiça tão isolada, em 1983.

Foi uma grande descoberta sob o aspecto de minha potencialidade profissional. Todos os meus defeitos no trabalho travestiam-se em qualidades: inquietação com rotinas, disposição de executar as tarefas de maneira diferente a cada dia, curiosidade em conhecer detalhes aparentemente sem importância, disposição para conversar com todo e qualquer fornecedor.

Havia organizado com tanta sistemática os espaços culturais que a Delfin patrocinava (uma de minhas funções), que o trabalho praticamente andava sozinho, bastando manter o controle geral. Foi quando a gerente da agência de Piracicaba consultou-me sobre a possibilidade de serem usadas suas instalações para uma exposição de artes promovida pela prefeitura local. Não havia nenhum mistério. A agência tinha pouco movimento e qualquer incentivo nesse sentido seria bem-vindo, no mínimo do ponto de vista institucional. No íntimo, eu sabia que iria aprovar a idéia, mas como a inquietação era constante, resolvi ir pessoalmente à cidade para ver o que a prefeitura tinha para oferecer em troca para a empresa, uma vez que fora ela quem havia demonstrado o interesse inicial.

Muitas foram as propostas oferecidas pela Ação Cultural de Piracicaba em troca das instalações da agência, mas nenhuma delas de interesse especial para a empresa. Estávamos no prédio do teatro municipal tentando descobrir, entre as inúmeras atividades artísticas da cidade, algo que fosse do interesse da Delfin, quando passamos por uma sala que, com cacos de vidro no chão, me chamou a atenção. Era um depósito de quadros, aparentemente velhos, guardados sem proteção especial. Pedi para ver e fui informada de que era o acervo do Salão Internacional de Humor de Piracicaba. Nunca havia ouvido falar sobre o assunto, o que foi motivo de ofensa para o Secretário Municipal de Cultura que me acompanhava.

Ofensas à parte, o material me foi mostrado e as idéias começaram a nascer naquele momento. Perguntei se as obras já tinham saído da cidade e se havia interesse nisso. Para abreviar o relato, aquela visita despretensiosa acabou por gerar uma série de eventos cujos lucros institucionais para a Delfin foram tantos que fica difícil resumir as proporções que a história assumiu.

Para se ter uma idéia, o acervo do Salão peregrinou por todos os Espaços Culturais Delfin, começando por São Paulo e indo depois para São José dos Campos, Rio de Janeiro e Brasília. Foi o nosso recorde de clipagem e número de visitantes. Até aquele dia, eu não conhecia o furor da imprensa quando realmente se interessa por um fato. Eles, os jornalistas, me encontravam nos lugares e horários mais absurdos e inconvenientes. Nosso evento era um sucesso tão grande, de público e de mídia, que o considero o maior que já organizei. Com os resultados, a Delfin considerou oportuno patrocinar o Salão do ano seguinte, o que foi feito em grande estilo. Instituiu o Prêmio Nássara de Humor, em homenagem ao humorista brasileiro vivo mais ilustre internacionalmente. Ele próprio esteve presente à premiação: vários prêmios em dinheiro, e mais três classificações do Prêmio Delfin de Humor, cujo troféu foi criado por Hans Donner. Uma verdadeira obra de arte.

O patrono do salão daquele ano foi Ziraldo, que produziu todas as peças gráficas para o evento. A comissão julgadora era composta por cartunistas do gabarito de Millôr Fernandes, Angeli, Glauco, Luis Fernando Verissimo e outros.

Pedimos à Caixa Econômica Federal que o prêmio de sua Loteria tivesse como tema o XI Salão de Humor de Piracicaba, o que não só foi aprovado como também permitiu o sorteio para todo o Brasil, diante do Teatro Municipal, como evento de abertura do salão. Foi Patrício Bisso quem deu o *show* para os participantes no dia da entrega dos prêmios.

Muitas pessoas me auxiliaram nessa empreitada. A grande lição, no entanto, ficou por conta da seguinte premissa: quando temos uma intuição devemos ir pessoalmente verificar todas as variáveis a fim de obter o máximo de resultados para nosso cliente/patrão. A simples verificação de instalações do local e a possibilidade de barganha transformaram esse evento em sucesso internacional.

CLIMA INVERSO + FATOR IMPONDERÁVEL = MUITA TENSÃO (-)

Eu já havia lido alguma coisa sobre o astral de reuniões, mas pensava que todas as providências estavam relacionadas somente com o público participante. Com a prepotência que só a juventude permite, pensava que alguns anos de experiência me conferiam elementos suficientes para fazer eventos perfeitos. Estávamos no fim de um primeiro semestre e eu deveria organizar e executar uma cerimônia de premiação de monografias para uma associação de classes sem fins lucrativos. O diagnóstico foi bem-feito e as providências devidamente encaminhadas.

Como quase sempre acontece, a associação não tinha verba para o acontecimento e meu desafio começou por aí. Obtida a verba, que era suficiente para a confecção de convites, locação de material para o coquetel, compra de prêmios, decoração e o uniforme das recepcionistas, reuni-me com a diretoria para a aprovação dos textos dos convites e dos *press-releases*. Qual não foi minha surpresa quando um membro da diretoria propôs que a verba fosse dividida entre o evento e o jornal da associação que, atrasado, estava com sua periodicidade comprometida.

Minha lição prática sobre clima organizacional estava para começar: quis dar uma lição de profissionalismo na pessoa em questão e de maneira muito arrogante estabeleci as regras de conduta que permeariam o evento até o fim: discórdia, competição, desconfiança, desarmonia e má vontade, clima que ia contagiando parte dos envolvidos.

A associação já havia estabelecido data e local. O tempo era curto: 28 de abril a 4 de junho, entre o primeiro contato e o evento, para todas as providências, incluindo projeto, patrocínio e execução de todas as tarefas. O espaço tratado pelo cliente estava sendo cedido pela Comgás e era satisfatório para o evento. Para azar meu, surgiu um fator conjuntural imponderável: com o incêndio da Cesp em 21 de maio, as instalações previstas para o evento foram utilizadas como centro de reconstrução do prédio incendiado.

Soube desse detalhe somente oito dias antes da data do evento. Imaginem: convites distribuídos, notícias já divulgadas, autoridades com presença confirmada e tudo providenciado nas mais perfeitas regras de planejamento de eventos. Não havia muito o que fazer. Comparado com o episódio lamentável do incêndio, meu problema era insignificante. Mas, qual era a saída? Não havia tempo para informar os convidados (mil convites e cinco mil folhetos para estudantes) sobre a mudança do local, nem havia verba disponível para essa alteração. A única possibilidade era descobrir um local dentro da própria Comgás que, mesmo com adaptações, pudesse abrigar a cerimônia. Poderia ser no refeitório que, além de esteticamente comprometido, demandaria mais recursos financeiros. Àquela altura isso era impraticável.

Restou a alternativa de improvisar o auditório no saguão de entrada do prédio. Para se ter uma idéia, o espaço era todo interrompido por pilares de cerca de dois metros de diâmetro. Os convidados, que eram inúmeros, ficavam uns na frente dos pilares-obstáculos, outros atrás. Uma verdadeira catástrofe.

Nesse clima, vivi o dia de maior tensão de minha vida relacionada com eventos. A pessoa responsável por me atender na empresa (e também me dar apoio) já estava contagiada pelas contrariedades, e aí a tortura começou. Não conseguia localizá-la no prédio. A cada momento que eu precisava dela ou de alguma providência já combinada com os funcionários da empresa, o que dependia de sua comunicação, ficava sem resposta.

Cheguei com parte de minha equipe às 10 horas da manhã, mesmo com o evento se iniciando às 19h30min. Tempo mais do que suficiente. As providências que deveríamos tomar em conjunto foram de tal maneira comprometidas que, para resumir, as pessoas (responsáveis pelo material gráfico, pelo som, pelo coquetel) iam chegando para ficar horas esperando a liberação de suas entradas; as mesas só chegaram no saguão às 18 horas, com medidas desiguais, sem decoração e montagem. Onde conseguir as mesas certas com funcionários em fim de expediente e sem autorização? Era necessário lugar para que as recepcionistas e a equipe de apoio trocassem de roupas e outros detalhes que podem ser imaginados.

A essa altura, cronograma e *checklist* eram duas peças absolutamente esquizofrênicas. Nada tinham que ver com a realidade. Todo mundo tenso e de mau humor.

Conseguimos chegar à cerimônia, eu e meu pessoal, com quinze minutos de atraso, fato que comprometeu não só a composição da mesa como o próprio cerimonial. O apresentador, trocado sem meu conhecimento, premiou homenageados, homenageou a quem deveria entregar prêmios.

Meu grande erro foi acreditar demais na minha autosuficiência e conhecimento. Pior: acreditei que o investimento no clima estivesse relacionado somente com o público de interesse. Aprendi que esse fator deve ser estabelecido desde o início do planejamento, nas primeiras conversas e entre todos os participantes, organizadores, fornecedores, recepcionistas serviçais e, conseqüentemente, o público de interesse.

Como tudo que é óbvio demora a ser conscientemente registrado, percebi tarde demais que qualidade do humor, boa vontade, simpatia, clima, enfim, são contagiantes, e que as pessoas envolvidas tomam seus partidos, sem perceber que no final das contas quem sai prejudicado é o todo, no caso o próprio evento.

Clima é fator estrutural comum a todos os eventos. Pode e deve ser estabelecido desde o princípio, engajando todos os participantes, controlado em atmosfera de franqueza e transparência durante todas as suas etapas.

Quanto ao fator conjuntural imponderável – no caso, o incêndio da Cesp –, só poderia ter sido minimizado, mas isso só é possível quando temos todos os outros fatores controlados. Não era o que estava acontecendo. Se pudesse deixar um conselho diria que quando o cliente não aceita um diagnóstico sincero – ou quando não se consegue rever posições radicais – melhor é que o evento não seja feito.

FALTA DE VERBA + FALTA DE TEMPO = CRIATIVIDADE NO GANCHO (+)

Era novembro de 1985. As festas de fim de ano já apontavam no congestionamento de trabalho de nossos fornecedores. Nossa assessoria tinha então dois meses de vida, isto é, muito trabalho e pouco dinheiro em caixa. Os clientes, que já eram cinco, encomendavam suas comemorações internas de Natal, confraternização com a imprensa e festas com fornecedores. Uns mais adiantados e outros de última hora. Mas o trabalho era intenso: orçar restaurantes, descobrir na agenda dos jornalistas tempo para comemoração dos nossos clientes atrasados, implorar nas gráficas uma brecha para imprimir convites e aí por diante.

Dezembro é o único momento em que não fica deselegante mandar um presente para os jornalistas, e de alguma maneira mostrar que a gente existia. Mas mandar o quê? Com que dinheiro e em que tempo produzir um brinde criativo e inteligente? Que fornecedor aceitaria nossa encomenda nessa altura do calendário?

Dois eventos, entre os mais importantes do ano para o mundo cristão, Natal e Ano Novo (e para completar o Dia Internacional da Paz) e nossa empresa com especialidade em eventos iria confirmar o provérbio: em casa de ferreiro...

Foi numa madrugada, duas horas da manhã, envelopando convites para um desses almoços, quando a idéia surgiu. Tínhamos confeccionado cartões pessoais de excelente qualidade, tanto do ponto de vista de identidade visual quanto do material utilizado, simples e requintado. Naquele momento, eu e Maria Alice Maluf discursávamos sobre como seria bom se tivéssemos tempo e dinheiro. Sem dúvida marcaríamos nossa presença no mundo das assessorias de comunicação. Pensávamos então em brindar cada qual dos participantes do nosso público de parceria com algo que o fizesse sentir único, individual, como uma premiação pela Loteria Federal. Eureca! Por que não? E se desse sorte? Compraríamos bilhetes de loteria e enviaríamos aos jornalistas com um texto no gancho de votos de boas festas e de premiação do bilhete. Foi o que fizemos, escrito à mão, no interior do cartão, onde ia anexo o bilhete da loteria de Natal:

"Com os tradicionais votos de Boas Festas, enviamos nosso abraço amigo, torcendo para que você seja premiado não só neste Natal como tenha grande $uce$$o durante 1986! Maria Alice e Cristina."

Nunca, durante toda a existência da nossa sociedade, tivemos tantas respostas positivas ao envio de correspondências por nós emitidas; nem mesmo quando publicávamos anúncios classificados para seleção de funcionários naqueles tempos já de crise. A reação dos destinatários foi das mais gratificantes. Como consideramos a idéia viável, além da imprensa, enviamos a todos os que de alguma maneira tinham alguma relação pessoal ou profissional com a dupla: clientes, fornecedores, conhecidos, amigos, instituições classistas, *target* e alguns órgãos governamentais. Obtivemos resposta em mais de 90%, e todas diferenciando positivamente nossa iniciativa. Foi como um prêmio para uma forma criativa e viável.

Acredito no gancho, associando e amarrando todas as idéias de maneira a estabelecer um vínculo entre todos os signos que, de alguma forma, estejam insertos no contexto do evento.

FATOR ESTRUTURAL COMUM DESCUIDADO + FATOR CONJUNTURAL IMPONDERÁVEL = SOPA MORNA (-)

Ainda era chefe daqueles dois departamentos que respondiam ao que chamo de comunicação integrada, pela imagem institucional da Delfin. A União de Construtores, uma das empresas do grupo para quem eu também prestava serviços, estava inaugurando um espaço cultural que lançava um loteamento residencial de alto padrão em São José dos Campos. Era uma verdadeira obra de arte: 300 m² de área construída em vários níveis com enormes paredes de vidro. O arquiteto responsável era Gilberto Matté, pessoa exigente e de bom gosto. Conhecia o meu trabalho e juntos resolvemos organizar uma coletiva que reunia Siron Franco, Ianelli, Aldemir Martins, Claudio Tozzi, Silvio Oppenheim e outros do mesmo nível de qualidade. Tudo deveria ser planejado com muito requinte, desde a produção do convite até o cardápio a ser servido.

Havia um pequeno problema com o local. Ele não comportava obras, convidados (mil e quinhentas pessoas) e mais o apoio de cozinha para o coquetel. Como o espaço ficava no meio de um canteiro de obras, foi fácil construir uma cozinha, pré-fabricada, adequada e anexa ao local do evento, que só possuía uma entrada dianteira. Por causa das paredes de vidro, e para não comprometer a estética, esse anexo não pôde ser ligado à estrutura principal, ficando na verdade atrás e meio deslocado.

Para o final da noite, estava previsto um creme de aspargos em função da temperatura baixa daquela região (descampado no inverno).

Tudo transcorreu na mais perfeita ordem do padrão estabelecido, e a entrada dos garçons pela porta principal, passando pelo gramado, foi despercebida. No final do evento, a sopa, que deveria estar bem quente, foi servida morna, pois começou a chover e não havia como evitar que perdesse temperatura durante o trajeto.

Concluo esse episódio aconselhando os leitores a tomarem como exemplo tanto suas próprias experiências quanto as de colegas de trabalho. O fator conjuntural imponderável – no caso, a chuva – pode, por vezes, não comprometer o evento como um todo, mas pode, sem dúvida, comprometer o brilho dos detalhes. Lembro ainda que o mesmo fator imponderável de um evento não pode estar presente, como imponderável, no próximo evento.

FATOR CONJUNTURAL IMPONDERÁVEL + FATORES ESTRUTURAIS SOB CONTROLE = CRIATIVIDADE E ÊXITO (+)

Naquele mesmo Natal de 1985, ocorreu um fato muito pitoresco envolvendo o trabalho de uma equipe, muita dedicação e minha criatividade.

Nosso maior cliente, uma associação patronal com participação significativa na economia nacional, resolve, depois de muitos anos mantendo postura retraída com a imprensa, promover um almoço de confraternização com os jornalistas.

Foi tudo planejado e administrado a contento, tendo o cliente ficado plenamente satisfeito com o resultado do nosso trabalho. Trinta e oito jornalistas compareceram ao almoço, um excelente índice para os vinte dias que marcam essa época do ano, já que nas redações chovem convites do mesmo gênero.

No período entre a confirmação dos convites e o almoço, ocorreram vários fatos envolvendo outros países que favoreceram uma grande ativação dos negócios dos membros da associação, de forma que prevíamos que o almoço poderia se transformar em coletiva, principalmente levando-se em conta a conduta praticada pelo cliente em relação à imprensa no passado. A notícia desses fatos coincidiu com a véspera da confraternização.

Resolvemos então contar com esse fator conjuntural ponderável e preparar três salas para a recepção. Uma para o aperitivo, onde os sinais para o andamento de uma possível coletiva seriam manifestados; uma para a coletiva propriamente dita, com todo o material necessário; e outra ainda, para o almoço.

Como prevíamos, durante os aperitivos os jornalistas cercaram o presidente da entidade. Ele já estava orientado para essa possibilidade, e os jornalistas convidados a passar para o local preparado para a coletiva. Até ali tínhamos absoluto controle da situação.

Só não era possível avaliar que seriam tantas as questões levantadas pela imprensa, e que o tempo de duas horas não seria suficiente para concluir essa etapa. Comecei a perceber no presidente uma inquietação anormal e orientei uma das recepcionistas a passar um bloco a ele onde eu perguntava o motivo de seu estado. Afinal, estava tudo saindo conforme nossas previsões: os gráficos e relatórios atualizados foram pegos pelos jornalistas em suas poltronas; não havia nenhum problema, nem mesmo com o som ou a luz, as hipóteses das abordagens da imprensa se confirmavam.

A recepcionista voltou com uma resposta realmente inquietante: o presidente me informava que um avião o esperava para uma reunião de emergência e que teria apenas mais trinta minutos para almoçar com os convidados, fato que ele não queria naquele momento divulgar. Os jornalistas pareciam não ter nenhum problema com horário; já haviam sido informados dos equipamentos que tinham à disposição para enviar suas matérias em caso de necessidade, e denotavam grande interesse em continuar a entrevista.

Os garçons permaneceram servindo o coquetel durante a coletiva e ao receber o bilhete vi passar um deles com uma bandeja de torresmos, uma das nossas escolhas para o cardápio. Foi quando surgiu a idéia. Chamei o chefe dos garçons. Pedi que suspendesse a bebida e me trouxesse todas as bandejas de torresmos disponíveis e um saleiro. Já eram duas horas da tarde e estavam todos com bastante apetite. Salguei bem os torresmos e esperei poucos minutos. Com as gargantas secas, o problema foi resolvido. O presidente chegou a sentar um pouco de tempo em todas as seis mesas e foi à sua reunião como queria.

Esse é um problema que, aparentemente, não tem grandes dimensões. Mas ver o cliente aflito no final de um trabalho tão bem cuidado dá uma sensação de impotência que só quem passou por isso pode avaliar.

A presença de espírito e a capacidade de improvisar são possíveis quando estamos com a cabeça livre de preocupações. Isso só ocorre se temos o controle de todos os demais fatores.

FATOR CONJUNTURAL IMPONDERÁVEL + CONJUNTURA IMPONDERÁVEL = EVENTO FRACASSADO (-)

Certa época, dava assessoria a um dos maiores criadores de cavalos manga-larga do país. Minha tarefa restringia-se basicamente ao trabalho com a imprensa. No caso, não era preciso muito esforço, pois tanto pelo assunto como pela pauta garantida e pela notoriedade do cliente, eu estava sendo ajudada pela circunstância que o local do evento proporcionava para a ocasião. Seria, senão o primeiro, um dos pioneiros na criatividade e coragem de mudar para um local de luxo um leilão de animais.

Era portanto um leilão de mangas-largas a ocorrer em agosto, no Palace, com convidados vindos de todas as regiões do país. Mesmo não sendo minha atribuição naquele caso, acompanhei todas as etapas do evento, desde a criação do material gráfico até o apoio logístico, e tudo transcorria como manda a teoria. Os convites muito bonitos, os catálogos de excelente qualidade técnica, a roupa para os "peões" que apresentariam os animais de muito bom gosto, o fundo musical e o cenário dignos de um grande *show*.

A minha parte, facilitada pelos atrativos que caracterizavam o acontecimento, foi uma das mais fáceis e gratificantes até aquele momento. Já havia remetido o material de divulgação preliminar e a reação dos jornalistas era a mais favorável possível. O evento estava marcado para uma segunda-feira e eu tinha a confirmação de reserva das mesas para os jornalistas dos maiores veículos que cobriam o assunto.

Qual não foi minha surpresa quando, domingo à noite, é anunciada a morte do presidente eleito Tancredo Neves. O país estava perplexo e unido num luto duplo: perdia de uma vez um dos nomes mais expressivos da política nacional e a esperança de ver a nação dar o arranque para a modernidade. Não havia o que fazer. A catástrofe nacional foi tão traumática que não me lembro se o evento foi cancelado ou, em respeito aos convidados de fora, ocorreu. Se chegou a acontecer, deve ter sido de forma tímida e com um prejuízo sem conta para meu cliente, também ele sem esperanças de um Brasil melhor a curto prazo. Lembro que no dia seguinte os jornais demonstravam o luto dos brasileiros. Quem teria interesse em cavalos manga-larga?

Aí não há o que ensinar. Nunca um fator desse quilate poderia ser previsto. O meu único conselho é que, em tais casos, melhor mesmo é abrigar o coração perante a frustração e impotência que, sem dúvida, surgem nessas circunstâncias. Restabeleça-se rápido e parta para um novo planejamento.

FATORES ESTRUTURAIS CAPRICHADOS +
GANCHO BEM-FEITO = SUCESSO (+)

A Magia – Assessoria de Imprensa e Relações Públicas, aquela sociedade com Maria Alice Maluf, foi palco de inúmeros momentos de aflição e trabalho árduo, mas também de alguns sucessos. Um dos mais significativos ocorreu com um cliente que tinha como atividade fabricar fotocopiadoras com tecnologia de ponta japonesa. Para esclarecer melhor, era associado à segunda maior empresa do mundo no ramo.

Fomos contratados para organizar desde a participação do cliente na feira de informática e a assessoria de imprensa até a organização de um encontro nacional entre seus distribuidores. O evento contaria com a presença do vice-presidente e do presidente para a América Latina da associada japonesa.

Esse conjunto de atividades nos deu inúmeras oportunidades de desenvolver trabalhos criativos e inovadores. Entre muitos, posso citar as conseqüências da contratação de um robô que era a atração do *stand* na feira de informática e que teve o privilégio de receber a comitiva presidencial em nome dos expositores do ano de 1986. Todo o trabalho decorrente dessa única iniciativa é impossível de ser relatado em poucas palavras, mas pode-se avaliar o envolvimento com os organizadores da feira, com o cerimonial da presidência da República etc.

Os cuidados maiores eram com a chegada da máquina, que seria lançada na ocasião e que era mantida sob absoluto sigilo até o último momento por causa dos concorrentes. A coletiva programada para esse lançamento, às vésperas da feira, ocorreu em meio a inúmeras outras coletivas do setor. A atenção com a acomodação dos distribuidores na última hora, em hotéis lotados por três megaeventos que ocorriam na cidade, depois de o cliente ter dispensado nossa preocupação com essa tarefa, são algumas pistas que posso fornecer para que se tenha uma idéia do volume e magnitude de atribuições que o trabalho nos conferia.

O fator mais bem cuidado e de maior resultado foi sem dúvida o gancho que estabelecemos e que se fez presente em todos os eventos simultâneos do caso em questão. Para o encontro dos distribuidores, o ponto alto foi o diagnóstico bem-feito, que derivou num evento de qualidade que superou nossas expectativas e principalmente as do cliente.

Teríamos de reunir distribuidores comerciais de 35 regiões do país e mais os dois representantes da fábrica japonesa, tendo como anfitriões os dirigentes da empresa no Brasil. Essas pessoas nunca haviam estado juntas antes, e a maioria não se conhecia. Como encontrar algo que estabelecesse um elo entre seus interesses?

O primeiro passo foi levantar o histórico do perfil dos eventos anteriores em nível internacional, uma vez que era o primeiro que ocorreria no Brasil. Uma verdadeira mesmice, coquetel de abertura, com jantar e fundo musical de órgão, algumas recepcionistas superproduzidas e cardápio regional.

Quebrando a cabeça e trocando idéias com diversos colegas profissionais, chegamos a um nome de muita notoriedade hoje em dia. Nada menos que o casal Flávio de Souza e Mira Harr que, juntos, aceitaram a empreitada de estudar uma peça de teatro para ser encenada por integrantes do grupo Pod Minoga como atração e elemento de ligação com o público do encontro.

Nunca vi tanta responsabilidade e profissionalismo juntos. Para levantar os dados com os quais montariam o enredo, Flávio passou dois dias entrevistando presidente, diretores e distribuidores na fábrica e nos escritórios comerciais. Tudo para conhecer a vida do distribuidor e como ocorreu a junção entre a empresa brasileira e a japonesa. O resultado foi merecido. Depois do coquetel de abertura, onde as pessoas eram apresentadas umas às outras, a peça foi encenada com o maior êxito. Eram vários *takes* de cinco minutos retratando a vida de uma distribuidora, de um assistente técnico e um casamento de tecnologia entre empresas de vários países. Foi um verdadeiro sucesso. O grupo de japoneses ria tanto que dispensava o auxílio dos intérpretes; as pessoas que haviam acabado de se conhecer já estavam integradas antes mesmo do final do espetáculo. Nosso desafio tinha sido vencido e medido pelo ânimo com o qual transcorreu o resto do encontro e no discurso final das autoridades.

Conclusões

A natureza do evento é complexa. Os objetivos que lhe dão origem são múltiplos e atendem à busca de minimização de esforços de comunicação. Tais objetivos, portanto, revestem-se também de importância social e econômica, razão pela qual, num país como o Brasil, que busca intensamente sintonia com o moderno, a realização de eventos deve abandonar seu traço amador.

De um ponto de vista estritamente econômico, os eventos são um fenômeno vinculado ao setor terciário. No entanto, pela diversidade de temas que abrangem e pela variedade de público que aglutinam, irradiam sua importância e conseqüências para todo o conjunto da sociedade.

Nos Estados Unidos, estudos da Society Travel Centers International indicam que, em 1968, cerca de 40 milhões de participantes estiveram envolvidos com 300 mil congressos – números que naturalmente aumentaram nas últimas décadas –, despendendo US$ 6 bilhões em exposições, transportes, alojamentos e refeições. Uma cidade como Atlantic City, por exemplo, com 60 mil habitantes, recebe cerca de 500 mil congressistas por ano. Nova York, por sua vez, abriga 12 milhões de congressistas anualmente. Ainda nos Estados Unidos, a Associação Internacional dos Dirigentes de Salas de Congressos afirma que os gastos anuais para a construção de salas multifuncionais são hoje dez vezes maiores que no final da década de 1980. A mesma entidade informa que, em 1983, perto de US$ 125 milhões foram gastos com tais instalações. Em 1986, o total chegou a US$ 800 milhões. Prevê-se que na década de 1990 esses gastos superem US$ 8 bilhões[36]. Esses números são suficientes para que se forme uma idéia da importância que os eventos têm no mundo contemporâneo. Nada indica que eles percam o dinamismo que adquiriram, especialmente levando-se em conta o papel que passaram a ter na racionalização dos processos organizacionais.

Infelizmente, apesar dessa constatação, faltam no Brasil elementos que dimensionem o peso que os eventos têm na mobilização de pessoas e recursos. De qualquer maneira, ainda que essa relevância não possa ser numericamente demonstrada, não há dúvida de que o papel que desempenham tende a crescer na mesma proporção em que a vida social brasileira se torne mais complexa, diversificando-se as funções profissionais e tornando-se imperativas novas formas de engajamento em todos os níveis organizacionais.

Não obstante, para que possam ser consolidados como um instrumento dessa magnitude, os eventos têm de ser encarados de uma perspectiva científica, que reconheça neles a influência de várias áreas do conhecimento, equivocando-se aqueles que os interpretam como um fenômeno exclusivo da área das relações públicas.

Ao longo deste trabalho foi possível demonstrar essa complexidade. Em primeiro lugar, com a constatação da importância dos estudos da dinâmica grupal e interpessoal para o entendimento da motivação e do papel da liderança no processo de engajamento necessário à consecução dos eventos. Essa demonstração foi possível graças ao elenco de avanços verificado nas ciências sociais, em especial a sociologia e a psicologia. Em segundo lugar, com o aprofundamento dos estudos das ciências da comunicação, principalmente a teoria do "fluxo em duas etapas" para a qual a audiência/recepção é mais bem atingida com a intermediação do líder de opinião. O desdobramento natural do papel dos líderes de opinião é no sentido de serem elementos que catalisam a decisão do público de interesse em participar de eventos. É com base nessa constatação que se acredita que os organizadores de eventos devam recorrer a essa influência não apenas para a sua "venda" ao público, mas principalmente quando da concepção e do planejamento de reuniões.

Conclui-se, portanto, que a antiga noção de público-alvo, tradicionalmente utilizada por profissionais, em especial da área de relações públicas, na organização de eventos, tem se mostrado ineficaz em atingir objetivos que correspondam às necessidades da sua divulgação e da satisfação dos participantes. Por isso, deve ser substituída por um novo conceito – o de público de interesse – com o qual é possível diminuir a distância que existe entre temática e motivação e, no final das contas, erradicar o amadorismo que prevalece na análise de público.

Talvez possa se aplicar à função do organizador de eventos e ao papel que o líder de opinião tem na influência do público de interesse a mesma reflexão feita por Gérard Lagneau em sua obra *A sociologia da publicidade*: "Profissionalmente, o publicitário encontrará sua autonomia quando tiver deixado inteiramente de ser um intermediário, parasita do anunciante, que por sua vez parasita o veículo. Socialmente, a mensagem informativa se tornará um meio de comunicação quando puser interlocutores uns diante dos outros, em lugar de se dirigir a todo mundo de um modo geral. Os veículos de que dispomos são capazes de ultrapassar sua transitividade atual para reencontrar a reciprocidade do diálogo conservando ao mesmo tempo seu caráter coletivo?"[37].

Em outras palavras, é possível superar a concepção do evento como "encomenda" feita pelo promotor ao organizador, com a interferência do patrocinador, rumo a um entendimento mais abrangente em torno daquilo que verdadeiramente motiva o público de interesse. Dessa forma, o organizador contaria com a participação da parcela mais sensível dos grupos informais baseados na interlocução com os líderes de opinião, não apenas quanto à forma de executar os eventos, mas também quanto à indicação do temário, do local, da data, dos palestrantes. Os eventos não seriam mais organizados com base em informações abstratas, aleatórias e contraproducentes em relação às necessidades do promotor e do público de interesse, mas com a identificação positiva da motivação da *fatia* da população que efetivamente lhes interessa. "Quando se fala de motivação, parece indispensável, logo no início, mudar um provérbio no qual muito se acredita, que é: 'faça aos outros o que quer que façam a você', para outro ainda desconhecido, que diz: 'faça aos outros aquilo que eles querem que lhes seja feito' "[38].

O organizador de eventos, nessa perspectiva, adquire a função de um agente social de dimensões políticas novas na medida em que sua tarefa de organizar pessoas em torno de um objetivo comum pode se concretizar efetivamente.

A pesquisa nos congressos da Intercom surge, nesse trabalho, como exemplo de um esforço organizacional defasado em relação aos resultados ideais, levando-se em conta o índice de satisfação verificado entre os participantes dos encontros de 1989, 1990 e 1991. Entre as várias causas que provocaram esse resultado, pode-se indicar que a análise do público feita pelos organizadores daqueles congressos está entre as mais importantes, se não for a decisiva.

Uma instituição científica, que lida com os temas da comunicação social (entre eles o próprio evento), propõe-se reunir anualmente cientistas e pesquisadores, mobiliza-se nacionalmente, organiza formas de divulgação, convida intelectuais de renome, hospeda-os; enfim, articula uma soma de inúmeros esforços com um custo social absolutamente significativo num país como o Brasil, carente de organização e de resultados concretos em todas as áreas. No entanto, os resultados apontados pela pesquisa permitem afirmar que o "saldo" é contraditoriamente pequeno.

Ainda que tais conclusões possam ser encaradas como pessimistas em relação ao estágio atual da concepção dos eventos, nada indica que se possa retirar das reflexões feitas o caráter de contribuição para o aprimoramento de sua compreensão e de sua prática.

Notas

1. Paul Mantoux, *La revolución industrial en el siglo XVIII*, pp. 14 e segs.

2. Burkard Sievers, "Além do sucedâneo da motivação". In: Cecília Bergamini; Roberto Coda (orgs.), *Psicodinâmica da vida organizacional: motivação e liderança*.

3. Stanley Coben, "Os primeiros anos da América moderna (1918-1933)". In: William Leuchtenburg (org.), *O século inacabado*, pp. 342 e segs.

4. Christophe Dejours, *A loucura do trabalho. Estudo de psicopatologia do trabalho*, p. 39.

5. Yolanda Ferreira Balcão; Laerte Leite Cordeiro, *O comportamento humano na empresa*, pp. 78-9.

6. Amitai Etzioni, *Análise comparativa de organizações complexas*.

7. *Ibidem*, pp. 16-7.

8. Max Weber, *The protestant ethic and the spirit of capitalism apud* Viana Moog, *Bandeirantes e pioneiros*, pp. 47 e segs.

9. Francisco Gaudêncio Torquato do Rego, *Comunicação e organização. O uso de comunicação sinérgica para obtenção de eficácia em organizações utilitárias*, pp. 31-2.

10. *Ibidem*, p. 32.

11. Amitai Etzioni, *op. cit.*, p. 33.
12. *Ibidem*, pp. 57-8.
13. *Ibidem*, p. 64.
14. *Ibidem*, p. 72.
15. Francisco Gaudêncio Torquato do Rego, *Comunicação empresarial, comunicação institucional: conceitos, estratégias, sistemas, estrutura, planejamento e técnicas*, p. 17.
16. *Ibidem*, p. 41.
17. *Ibidem*, p. 25.
18. Cândido Teobaldo de Souza Andrade, "À feição de apresentação". In: Nelson Speers, *Cerimonial para relações públicas*, p. 11.
19. Nelson Speers, *Cerimonial para relações públicas*, p. 21.
20. Cândido Teobaldo de Souza Andrade, *op. cit.*, p. 11.
21. Gilda Meireles, apostila xerografada, distribuída pela autora em cursos sobre eventos ministrados em várias instituições.
22. *Ibidem*.
23. *Ibidem*.
24. *Ibidem*.
25. *Ibidem*.
26. Masahiro Miyamoto, *Administração de congressos científicos e técnicos*, p. 17.
27. Margarida Maria K. Kunsch, *Planejamento de relações públicas na comunicação integrada*, p. 102.
28. Karl Popper, *A lógica da pesquisa científica*, p. 61 *apud* Roberto Porto Simões, *Relações públicas: função política*, p. 25.
29. Adam Schaff, *A sociedade informática*.
30. Francisco Gaudêncio Torquato do Rego, *Comunicação empresarial, comunicação institucional: conceitos, estratégias, sistemas, estrutura, planejamento e técnicas*, p. 159.
31. Wiliam A. Nielander; Raymond W. Miller, *Relaciones públicas*, p. 18.
32. Cecília W. Bergamini, *Psicologia aplicada à administração de empresas: psicologia do comportamento organizacional*, pp. 71-2.
33. Cecília W. Bergamini; Roberto Coda (orgs.), *Psicodinâmica da vida organizacional: motivação e liderança*, p. IX.
34. Francisco Gaudêncio Torquato do Rego, *Comunicação empresarial, comunicação institucional: conceitos, estratégias, sistemas, estrutura, planejamento e técnicas*, p. 25.

35. Sidney Siegel, *Estatística não paramétrica*, pp. 196-203.
36. Aloysio Teixeira Costa, *Como organizar congressos e convenções*, pp. 37-9.
37. Gérard Lagneau, *A sociologia da publicidade*, p. 88.
38. Cecília W. Bergamini; Roberto Coda, *op. cit.*, p. 26.

Referências bibliográficas

ASTI, Vera. *Metodologia da pesquisa científica*. Porto Alegre: Globo, 1984.

AUGRAS, Monique. *Opinião pública. Teoria e pesquisa*. Petrópolis: Vozes, 1980.

BALCÃO, Yolanda Ferreira; CORDEIRO, Laerte Leite. *O comportamento humano na empresa*. Rio de Janeiro: Editora da FGV, 1979.

BALCELLS, Jaime Pujol; MARTIN, José Luís Fons. *Os métodos no ensino universitário*. Lisboa: Livros Horizonte, 1985.

BERGAMINI, Cecília W. *Motivação*. São Paulo: Atlas, 1986.

_____. *Psicologia aplicada à administração de empresas: psicologia do comportamento organizacional*. São Paulo: Atlas, 1982.

BERGAMINI, Cecília; CODA, Roberto (orgs.). *Psicodinâmica da vida organizacional: motivação e liderança*. São Paulo: Livraria Pioneira Editora, 1990.

CHIAVENATO, Idalberto. *Introdução à teoria geral da administração*. São Paulo: McGraw Hill do Brasil, 1983.

COBEN, Stanley. Os primeiros anos da América moderna (1918-1933). In: LEUCHTENBURG, William (org.). *O século inacabado*. Rio de Janeiro: Zahar, 1976

COBRA, Marcos; ZWARG, Flávio A. *Marketing de serviços. Conceitos e estratégias.* São Paulo: McGraw Hill, 1987.

COSTA, Aloysio Teixeira. *Como organizar congressos e convenções.* São Paulo: Nobel, 1989.

DA VIÁ, Sarah Chucid. *Televisão e consciência de classe.* Petrópolis: Vozes, 1977.

DE FLEUR, Melvin. *Teorias de comunicação de massa.* Rio de Janeiro: Zahar, s/d.

DEJOURS, Christophe. *A loucura do trabalho. Estudo de psicopatologia do trabalho.* São Paulo: Cortez/Oboré, 1991.

ERBOLATO, Mário. *Dicionário de propaganda e jornalismo.* Campinas: Papirus, 1985.

ETZIONI, Amitai. *Análise comparativa de organizações complexas.* São Paulo: Zahar/Edusp, 1974.

EVANGELISTA, Marcos Fernando. *Planejamento de relações públicas.* Rio de Janeiro: Tecnoprint, 1983.

GUARESCHI, Pedrinho A. *Comunicação e poder.* Petrópolis: Vozes, s/d.

HUBERMAN, Léo. *Nós, o povo. A epopéia norte-americana.* São Paulo: Brasiliense, 1966.

KAPLAN, Abraham. *A conduta na pesquisa.* São Paulo: Edusp, s/d.

KUNSCH, Margarida Maria K. *Planejamento de relações públicas na comunicação integrada.* São Paulo: Summus, 1986.

LAGNEAU, Gérard. *A sociologia da publicidade.* São Paulo: Cultrix/ Edusp, 1981.

LAKATOS, Eva Maria *et al. Metodologia científica.* São Paulo: Atlas, s/d.

LEDUC, Roberto. *Propaganda. Uma força a serviço da empresa.* São Paulo: Atlas, 1986.

LEUCHTENBURG, William (org.). *O século inacabado.* Rio de Janeiro: Zahar, 1976.

MANTOUX, Paul. *La revolución industrial en el siglo XVIII.* Madri: Aguilar, 1962.

MEIRELES, Gilda. Apostila xerografada, distribuída pela autora em cursos sobre eventos ministrados em várias instituições.

MIYAMOTO, Masahiro. *Administração de congressos científicos e técnicos.* São Paulo: Pioneira/Edusp, 1987.

MOOG, Viana. *Bandeirantes e pioneiros*. Porto Alegre: Globo/Instituto Nacional do Livro (MEC), 1973.

NIELANDER, Wiliam A.; MILLER, Raymond W. *Relaciones públicas*. Barcelona: Hispano Europea, 1961.

PERUZZO, Cicilia K. *Relações públicas no modo de produção capitalista*. São Paulo: Summus, 1986.

PINHO, J. B. *Comunicação em marketing*. Campinas: Papirus, 1988.

POPPER, Karl. *A lógica da pesquisa científica*. São Paulo: Cultrix, 1974 apud SIMÕES, Roberto Porto. *Relações públicas: função política*. Porto Alegre: Sagra, 1987.

RABAÇA, Carlos Alberto; BARBOSA, Gustavo. *Dicionário de comunicação*. São Paulo: Ática, 1987.

REGO, Francisco Gaudêncio Torquato do. *Comunicação e organização. O uso de comunicação sinérgica para obtenção de eficácia em organizações utilitárias*. Tese de livre-docência. São Paulo: ECA-USP, 1983.

_____. *Comunicação empresarial, comunicação institucional: conceitos, estratégias, sistemas, estrutura, planejamento e técnicas*. São Paulo: Summus, 1986.

RIBEIRO, Júlio *et al. Tudo o que você queria saber sobre propaganda e ninguém teve paciência de explicar*. São Paulo: Atlas, 1986.

RICHERS, Raimar. *O que é marketing*. São Paulo: Brasiliense, 1981.

SCHAFF, Adam. *A sociedade informática*. São Paulo: Brasiliense/Editora da Unesp, 1991.

SIEGEL, Sidney. *Estatística não paramétrica*. São Paulo: McGraw Hill, s/d.

SIEVERS, Burkard. Além do sucedâneo da motivação. In: BERGAMINI, Cecília; CODA, Roberto (orgs.). *Psicodinâmica da vida organizacional: motivação e liderança*. 2. ed. São Paulo: Atlas, 1997.

SIMÕES, Roberto Porto. *Relações públicas: função política*. Porto Alegre: Sagra, 1987.

SOUZA ANDRADE, Cândido Teobaldo de. À feição de apresentação. In: SPEERS, Nelson. *Cerimonial para relações públicas*. São Paulo: Câmara Brasileira do Livro, 1984.

SPEERS, Nelson. *Cerimonial para relações públicas*. São Paulo: Câmara Brasileira do Livro, 1984.

URMENYI, Laszlo Peter A. *Uma aplicação da microinformática em pesquisas de comunicação. Modelo prático de estatística não paramétrica.* Tese de mestrado. São Paulo: ECA-USP, 1988.

WAHRLICH, Beatriz M. de Souza. *Uma análise das teorias de organização.* Rio de Janeiro: Editora da FGV, 1986.

WEBER, Max. *The protestant ethic and the spirit of capitalism.* Nova York: Scribner's, 1950 *apud* MOOG, Viana. *Bandeirantes e pioneiros.* Porto Alegre: Globo/Instituto Nacional do Livro (MEC), 1973.

WEY, Hebe. *O processo de relações públicas.* São Paulo: Summus, 1983.

WRAGG, David. *Relações públicas em marketing e vendas. Uma abordagem gerencial.* São Paulo: McGraw Hill, 1989.

CRISTINA GIÁCOMO é doutora em Comunicação pela Pontifícia Universidade Católica de São Paulo (PUC-SP), mestre em Ciência da Comunicação pela Escola de Comunicações e Artes da Universidade de São Paulo (ECA-USP) e graduada em Relações Públicas pela Faculdade Cásper Líbero. Em 1988 passou a fazer parte do corpo docente dessa instituição, respondendo também pela coordenadoria do departamento de Relações Públicas. Foi diretora cultural da Sociedade Brasileira de Estudos Interdisciplinares da Comunicação (Intercom) e ministrou palestras em diversos estados e fora do Brasil.

Idealizadora do primeiro trote-cidadão da Cásper, em 1992, ministrou aulas na pós-graduação dessa mesma faculdade e participou de diversas bancas de mestrado e doutorado. Atualmente, é consultora de Relações Públicas da Voice Comunicação Empresarial.

IMPRESSO NA
sumago gráfica editorial ltda
rua itauna, 789 vila maria
02111-031 são paulo sp
telefax 11 **6955 5636**
sumago@terra.com.br